一个人在京都三十年，
寻得自在生活的力量。

Jasmin 著
Hana 摄影

中国轻工业出版社

图书在版编目（CIP）数据

偏爱京都 /Jasmin 著；Hana 摄影. — 北京：中国轻工业出版社，2021.7

ISBN 978-7-5184-3463-3

Ⅰ.①偏… Ⅱ.①J…②H… Ⅲ.①文化史 – 京都 – 通俗读物 Ⅳ.① K313.03-49

中国版本图书馆 CIP 数据核字（2021）第 064417 号

责任编辑：郭挚英　　　　责任终审：李建华　　整体设计：锋尚设计
策划编辑：刘忠波　郭挚英　责任校对：晋　洁　　责任监印：张京华

出版发行：中国轻工业出版社（北京东长安街6号，邮编：100740）
印　　刷：北京博海升彩色印刷有限公司
经　　销：各地新华书店
版　　次：2021年7月第1版第1次印刷
开　　本：710×1000　1/16　印张：12.75
字　　数：139千字
书　　号：ISBN 978-7-5184-3463-3　定价：68.00元

邮购电话：010-65241695
发行电话：010-85119835　传真：85113293
网　　址：http://www.chlip.com.cn
Email：club@chlip.com.cn

如发现图书残缺请与我社邮购联系调换

200621S4X101ZBW

目 录

| 第一章 |

京都的日常，才是最美的

- 008　京都的东西南北
- 014　从环城巴士 206 路上看京都
- 021　清水烧　六代宫川香斋
- 026　银器　四世竹影堂・荣真
- 031　竹与器
- 037　京都舞伎艺伎的日常
- 045　清水烧　高岛慎一

| 第二章 |

餐盘上，看季节的轮回

- 052　夏目漱石曾到访的料理旅馆　平八茶屋
- 059　近江牛　鸭川 Takashi
- 065　京都性价比最好的午餐会席　一之传
- 070　在大丸百货寻觅米其林
- 076　风为裳，水为佩　岚山松籟庵
- 081　小巷子里的米其林
- 085　京都安缦鹰庵的夏日回忆

| 第三章 |

住在京都的我们，爱去的地方

- 094 京都厨房——拥有几个世纪历史的锦市场
- 101 一份平淡的矜持 一保堂茶铺
- 107 和果子的时光 然花抄院
- 113 岚山的这家咖啡，坐拥 400 平方米美景庭院
- 120 清水寺边，最畅快的一杯 品酒屋 336
- 126 佛光寺里，不卑不亢的匠人空间
- 134 寂光院，秋天的一道牵挂

| 第四章 |

这里的人，把日子过成诗

- 144 等我 70 岁的时候，我也要像她一样
- 152 茶三乐的大和抚子
- 159 82 岁的水彩画家贝川伯伯
- 165 走近画家仲衿香
- 171 穿上十二单衣，我是皇后
- 176 近江八幡
- 182 爱自己的一场旅行 仙台竹泉庄
- 188 伊势志摩安缦体验记
- 195 馥府奈良，看暮色朝夕

- 202 后记

第一章　京都的日常，才是最美的

京都的东西南北

　　如果有一个人，和他一起待了30年，仍然觉得和他在一起的每一个瞬间都是快乐的，这是真爱。

　　如果有一个城市，已经住了30年，从晨起到日落，仍然觉得这里的每天都是新鲜的，这是真心喜欢。

　　在日本京都生活的日子之久,已经超过了我在中国杭州成长的岁月和在上海求学的日子之总和。一辈子中,如果有对一个人或是一个地方的执着偏爱,是平淡日子的小确幸。我想,我是一个幸运的人。

　　这本小书,我只是想从一个居住者的角度,来介绍日本京都的日常,因为这座古城的日常,才是最美的。

日本京都仿照中国唐朝长安而建，城市布局呈棋盘形，所以记住南北很重要。从南往北，东西走向的道路依次从"十条通"至"一条通"，越往北数字越小。京都的铁路门户——京都站是"八条通"，繁华街区位于"四条通"至"三条通"。

京都不大，从最南边的"十条通"，驱车至北边的"一条通"，也只有40多分钟车程，而最好的街区是位于城市中心的"田字形"城区，这里居住的大多是土生土长的京都本地人。

"田字形"城区北起"御池通"，南至"五条通"，西起"堀川通"，东至"河原町通"，六条道路构成一个汉字"田"，这便是它的由来。这一地区自古以来是京都的中心，又被称为"职住共存地

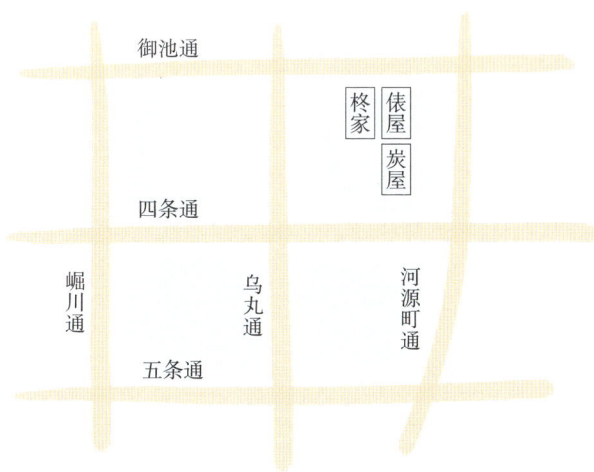

区"。古老的京都人住在细细长长的町屋①里，前面是工房或商店，隔着小小的庭院，后面是店主的居住区域。人们不紧不慢地做着小生意，延续着代代的生活。

这个地区老铺林立，白墙黑瓦的古老町屋随处可见，也是历史沉淀蕴积最为丰富的城区。被誉为京都三大旅馆的柊屋、俵屋、炭屋，都在这个区。

为了保护这一地区的景观，京都市对"田字形"地区内建筑物的高度有严格限制，规定临街建筑物高度不能超过31米，不临街的小巷内（上页图蓝色板

---

① 町屋，日本传统连体式建筑，木格子架结构，是一种兼用于工作和住宅的日式传统住宅。——编者注

块)建筑物高度不能超过15米。或许这就是京都中心城区很少见到高楼大厦的原因。

在天气好的日子里,骑着一辆自行车,在这个古老的"田字形"地区内穿梭,是小小的快乐。路过看到一扇棉布门帘随风飘着,心动了,就回头驻足。将自行车停在店边屋檐下,一只手掀起门帘,悄悄探入头去,明亮地道一声"こんにちは"(你好)。过了几秒钟,柜台里面传来一声略带绵长的"はい"(应了一声,类似于汉语中的来了),一位朴素整洁的爷爷或奶奶现身,朝你微笑。

京都的一天,就这样开启了。

从环城巴士206路上看京都

一个城市的素颜,是最耐看的风景,会心里一直记着。

一个人去巴黎的时候,曾坐过一辆穿越城区的巴士,从左岸到右岸,静静看窗外的风景,看到了大巴黎的流光溢彩,也看到了华丽背后的一抹灰黯。几年后很多记忆慢慢淡去,唯有那次乘坐巴士穿越陌生城市的经历,仍是清晰的一幕。

如果你来京都,游览了清水寺、金阁寺之后仍有时间的话,不妨坐一次京都环城巴士。

京都站有好几个出口,从JR中央口出来,距离巴士总站最近。巴士候车区分为A、B、C、D几个区，每个区内的候车站台又有数字标识，例如A1、A2等。不用担心找不到上车站台，日本人细致周到的国民性，在你正要四处张望时就已准备好你需要的信息，站牌会给出清晰明确的指示。去A3上车站台，试一试206路环城巴士吧。

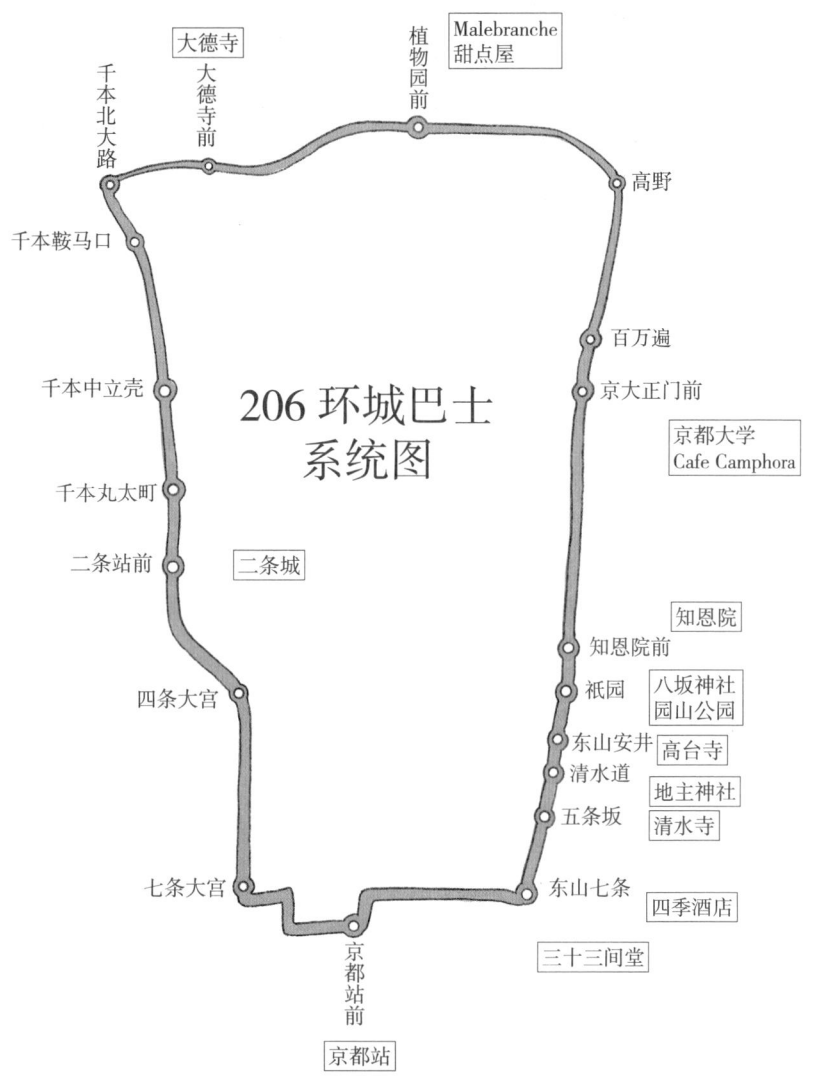

从京都站出发的右线是观光线路,途经三十三间堂、京都国立博物馆。这一带有很多小而精致的名刹,京都四季酒店也在这附近。很喜欢一楼Brasserie餐厅最左侧面向落地窗的沙发位子,窗外是有800年历史的名园——积翠园,巨大的落地窗宛若一幅相框,勾勒出四季的景色。

巴士沿着东大路通一直北上,开过五条坂,乘客会多起来,其中多半是从清水寺下来的游客。从清水道至东山安井这两个站之间,路边右侧有一条小路通往高台寺。沿着小路上山,可以避过熙攘游客,享受片刻宁静。这里有好几家米其林餐厅,例如"祇园西川"。西川大将是土生土长的京都人，祖父是友禅手绘匠人，从小就跟随祖父出入京都著名料亭①和大大小小的美术馆，童年起积累的审美观便展现在他做的每一道怀石料理里。

往北，经过知恩院，这里的除夕敲钟，最为著名。斜对面有一家以美味米饭而闻名遐迩的餐厅——八代目仪兵卫。这家餐厅土锅现煮的米饭味道非常好，只需几片酱菜或是一个生鸡蛋加几滴酱

---

① 料亭，提供传统日本料理的高级日料餐厅。

油，就可以吃下满满一碗米饭。价格也亲民，唯一缺点是每天都有很多人排队。

巴士继续向北，就到京都大学、百万遍了。京都大学（简称京大）的Café Camphora很有名，这里可以吃到第二十四代京大校长尾池先生亲自监制的3种咖喱饭。这道菜品如今已成了京大一宝，很多市民闻名前来品尝（京大食堂均对外开放）。

巴士逐渐西行，开过植物园、千本北大路。这一带是京都的高级住宅区之一，一栋栋小别墅都很精致。植物园对面的那家甜点屋，Malebranche总店很值得一去。

之后，206路从千本北大路沿着千本通南下。千本鞍马口至中立壳一带，是西阵织锦的产地——"西阵"，静谧的这里仍保留着许多住家和作坊合二为一的民居，称为"京町屋"。

京町屋的原型出现在江户中期，房子呈狭长形，门面很小，里面很深，一般前店后屋。房子侧面紧挨着隔壁一家，几乎没有缝隙，空气流通的开口处只有门口、后院和天井，所以町屋的空间设计很用心。

临街的窗户装上木格子窗，可通风又可保护住家隐私，后方有一个小小的院子，连接临街店铺和后半住家的长廊，天井多有高高的天窗。大的町屋，在长廊中间还有一个小巧的庭院，称为"坪庭"（坪是日本的面积单位，1坪约3.3平方米），尽可能地增加通风采光处，让自然风穿过町屋。

町屋的材料使用木、纸、土、石等自然材料，居住在这里能更敏锐地感受到季节轮回，阳光微妙的变化，庭院树木花草的呼吸。

木屐轻踏，拉门微掩。京都的素颜，或许就是小巷子里的日常。

清水烧 — 六代宫川香斋

清水烧陶瓷是京都的传统工艺品之一,其实我心里一直有一个小小的疑问,京都市内及周边并不产优质陶土,为什么京都会有清水烧?

日本首批瓷器——九州佐贺县有田烧,是朝鲜人陶匠在有田町发现了适合烧制瓷器的矿石,设窑烧瓷成为有田烧的起源。日本六大古窑:濑户、常滑、信乐、丹波、备前、越前,也都是优质陶土的产地。

所以在见到清水烧名家宫川香斋老先生时,我忍不住就这个疑问请教了老师。原来清水烧的诞生,和京都是皇城有着很深的渊源。从定义来讲,清水烧是指在清水寺五条坂一带生产的陶瓷器,还有一种更广义的称呼是"京烧"。江户时代初期日本上层社会开始流行品茶,优雅精美的中国茶器进入日本宫廷,令身在朝野的达官贵族们非常心仪，于是从各地请来一流陶瓷工匠，在东山山麓一带设窑，模仿中国和朝鲜的器皿烧制陶瓷，这是"京烧"的起源。如今在京都烧制的陶瓷器，统称为"京烧·清水烧"。

陶土和匠人都是从全日本精选而来，所以"京烧·清水烧"并没有特定的样式和技法，取各家所长，融会贯通所有技法。京都作为皇城，聚集了财力雄厚、爱好茶文化的贵族，还有众多寺庙神社的存在，这都推动了茶文化和清水烧的发展。

当年众多工匠从外地迁到京都，开始烧制陶器，宫川家创始人宫川小兵卫政一也是其中一人。约330年前，正值日本江户时代，宫

川从滋贺县北部的宫川村迁至皇城，在京都设窑。数百年来宫川家传至第六代，历代作品被大英博物馆、波士顿美术馆等多家美术馆所珍藏，迎接政府首脑的京都迎宾馆内，也有现任第六代宫川老师的作品。

曾有幸参加宫川家的茶会，宫川夫人和儿媳穿着雅致的和服，她们的温和笑容缓和了我的紧张。虽然学过茶道皮毛，但出席如此正式的茶会，心里还是有点忐忑，担心有失礼之处。跟着宾客们进入宫川家的茶室——尚古轩。这间茶室是第四代主人所建，由表千家第十三代宗师命名。茶室一大一小，大的八叠，小的四叠半（一叠是一张榻榻米的大小，约1.8平方米）。

宫川老师烧制的茶道具，是茶室的主角，即便是不经意地摆放在角落里，也有着凛然的存在感。床间一束野花，静静地在那里。茶席主客是清水寺门坊下朝日堂主人浅井社长，我坐在朝日堂主人一侧，算是次客。用眼角的余光看着浅井社长行礼品茶，小心翼翼地模仿他的举手投足。

品完茶后欣赏茶碗、香盒、果子盘等器皿，是茶席的一个重要部分。今天的茶席之所以难得，是因为使用的器皿均为宫川老师的作品，我们把双肘放得低低的，小心翼翼地捧着茶碗，仔细欣赏。

宫川家代代使用稻草灰釉，烧制的作品颜色柔和，具有丰润感。京烧的鼻祖野野村仁清也曾使用这种釉，宫川家祖先特别擅长模仿其制陶风格，使用稻草灰釉便成为宫川家的一大特色。即便使用同样的釉，因为陶土的不同，烧制后的颜色也会不一，有时是乳白色中略带温润的朱色，有时是清冽的青白色。

在把玩间,宫川夫人又为我们端上了一道小点心,朱红的果子盘内盛着切成薄片的柿饼,取一片放入口内,好滋润呢。看到我喜欢的样子,夫人笑着说,这是来自奈良吉野的柿子哦。

看着一脸慈祥的夫人,心想等我年纪大了,我也要成为这样一位白发和皱纹在知性的衬托下显得尤为好看的奶奶。

四世竹影堂·荣真 | 银器

竹影堂离我家很近，傍晚时分偶尔中村老师会打电话来，约了去小酌一杯。

工房在市府北面的押小路通上，一栋临街的町屋，前店后家。老师平日住在工房，附近餐厅很多，周一到周五晚上老师换着各家吃，吃完走人，到了月底餐厅将账单寄到竹影堂，自有老师夫人处理。

荣真，是竹影堂主人的雅号，由有栖川宫亲王赐名，竹影堂出品的作品底部都有荣真之落款。2009

年，中村老师从父亲那里继承了这一雅号，成为第四世荣真。

老师的每天很简单。没有访客的日子，上午9点准时出现在工房，带上围兜，打开收音机，坐在他的老位置蒲团上，手拿工具开始锤打银器。工具柜上搁着大大小小约200种锤子，他闭着眼睛也知道哪一把锤子在哪里。

从15岁那年跟随父亲开始学艺起，已经过了近半个世纪，一边听着收音机传来的日本特有的古老演歌，一边锤打银器，这是老师最开心的时光。

工房每月打2把银壶，一年24把。先做图纸设计，裁剪银板，之后纯手工锤打成型。一张平的银板敲打成型至壶，要经过无数次的淬火和锤打。而火候，全凭长年的经验和技术来掌握。

在工房展柜里看到一把黑黝黝的壶，价格是所有壶中最贵的。壶身大半被铁片包住，底部透着一圈银色，是一把铁包银壶。外行的我，也知道打这把壶不容易。老师轻描淡写地说，这是先打好一把铁壶和一把银壶的半成品，然后把两把壶套在一起。

按银壶的比例锤打出能够包住银壶的铁，比例要

精准，铁壶半成品套在银壶半成品上接着锤打、淬火加工，把铁和银的缝隙敲打成零，对工匠的技术和耐力都是一项考验。这把高难度做工的铁包银壶，堪称是一件艺术品。

有一次说起我是杭州人，中村老师说他去过杭州，有一个西湖吧，他还见过Jack Ma呢。后来我才反应过来Jack Ma是杭州有名的企业家马云。

中村老师穿着随意，去喝酒的时候手里提一个小布袋，里面放一只自己打的银杯。到了餐厅，从精致小袋里拿出熠熠发光的银杯，隔着柜台跟老板说："啤酒就用这个杯子吧。"让我看到了老京都人的潇洒。

看着绵密的泡沫覆盖住小巧的杯口，我心想这啤酒一定好喝。没想到老师拿起银杯，端到我面前，说："はい、Jasminさんどうぞ!"（Jasmin，这杯你喝），开心之余又有点羞愧，一定是我那超级羡慕的眼神被老师看到了。

嘴唇触到冷冷的银杯，抿一口啤酒，真是夏日的小愉悦。细腻的泡沫和银的感触，还有银杯的轻重感，都是恰恰好。什么时候，我也想要一个这样的杯子，请老师在底部打上Jasmin字样，嘿嘿。

竹与器

2020年初春，去大阪看了《竹艺名品展》。

这次展览会是2017—2018纽约大都会美术馆举办的Japanese Bamboo Art—The Abbey Collection的姊妹篇，将竹艺收藏家阿比夫妇的藏品与近现代竹工艺品，以及大阪东洋陶瓷美术馆收藏的陶瓷器皿一并展示。

阿比伉俪是西方收藏日本竹艺第一人，藏品风格多种多样，按照时代序列或工匠世家系列来看，很有收获。以下是部分展品。

二代田边竹云斋作《牡丹花篮》配了明朝张弼的诗文：
夜月竹窗晴翠舞，
春风花槛牡丹开。

初代前田竹房斋作
《盛物篮：木之叶》
曾师从初代田边云竹斋，
平编法，细竹紧密编制，
稍翘的尾部，秀逸点睛。

人间国宝
五世早川尚古斋作
《四方缘：盛物篮》
边缘的直线美，
竹子弹力折叠呈现的
底部更美。

四代田边竹云斋
2015年的作品
《舟型花篮：出帆》
一个拥有皇后一样
气质的花篮。

忘了记下作者和作品名称，
看着花篮想到了BVLGARI，
罗马交错的石板小径和纵横
的日本竹艺。
有一天，会有一款这样的戒
指问世吗？

喜欢这个作品的名字：
《潮：USHIO》
藤塚松里1978年的作品。

2014年开始的Disappear系列
哈佛建筑学教授贝岛佐和子设计，
四代田边竹云斋编制出的竹空间。

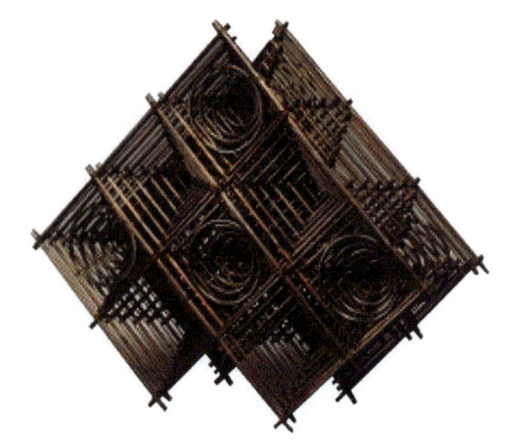

三代田边竹云斋作
作品名《迎接未来的欢喜》

2020年2月,这场展览会在大阪举办的时候,正好新冠疫情开始在国内蔓延,我们京都民宿的订单基本取消,对于未来,心里有一种隐隐的不安(当时也未想到疫情会如此长期化)。我在这个作品前逗留了许久,凝视着它。菱形的锐利和圆形的柔和,构成了一个深邃的立体通道,层层叠叠,蕴含着希望和能量。《迎接未来的欢喜》,是多么美妙的名字呀,看着看着心情也明亮了许多。

看完展览后,就想去一趟九州的大分县,那里是日本著名的竹工艺产地,展会上有很多作品出自大分县的匠人。

大分县的竹工艺,其起源可以追溯到日本第十二代天皇征伐九州之际,途经大分县别府市,随从们发现该地盛产优质矮竹,遂就地取材用它来编制盛放餐具茶具的竹篮子。

14世纪的室町时代，当地工匠开始制作竹笼，供商人们盛放商品，前往各地兜售。进入江户时代后，别府被誉为日本第一温泉乡，各地来别府泡温泉的老百姓骤增。温泉能治愈长期疾患，很多游客一住就是几周甚至几个月，他们所需大量竹制生活用品，带动了竹编工艺的发展。

到了明治时代，别府竹编已超越了生活用品范畴，发展成一项工艺品。

一个月后的别府访竹之旅，我选择了下榻大分洲际酒店，这家酒店是桥本夕纪夫先生设计的，从大堂到客房，都融入了当地的"竹"元素。酒店精品廊上陈设精致的竹编工艺包袋，好秀逸。

距离酒店不远，是别府市竹艺传统产业会馆，从中可以了解竹编工艺的发展历史。会馆内有一个商店，也是咖啡馆，要了一杯咖啡，和店员（会馆工作人员）聊起来。原来我在大阪看的竹艺展，

是一个全日本巡回展,第一站就是大分县。想来也是,这里是竹艺的发源地呢。

逛了别府的几家工艺品店,最后在一家老奶奶的古董店里邂逅了这只竹盒。这是一个用来装茶道用具的茶盒,茶人们提着它前往户外,解开绿色的莹纽,揭开盖子,小心翼翼地取出全套茶具。一场念念不忘的户外茶席,就可以进行了。用一见钟情这个词来形容,也不过分。婉约如大家闺秀,润泽如丰腴玉肌,百看也不厌。

但最后,却还是和这个美丽无比的茶盒擦肩而过了。身边没有带足够的现金,老奶奶的店不能刷卡,离开别府的火车时刻在即,无暇去银行取现金……迄今想来,仍有一丝牵挂。抑或是,我对茶道的了解还只是在入门阶段,需要更深地钻研,才配得上拥有这个美器。

心有牵挂,亦是好事。会给我一个理由,再访竹艺的故乡。希望自己的茶道水准有微小精进,希望老奶奶那家店,届时还在。

京都舞伎艺伎的日常

　　第一次看到艺伎，是在老铺旅馆柊家的一次宴会上。那时刚来日本还不久，懵懵懂懂地跟着去了，酒过一巡，只见一位瘦削的和服女性怀抱三味线①，伴着两位身着华美和服的女子登场。粉色和服配彩锦唐草花纹腰带的一位，稍稍年长一些，后面一位身着黑底绚丽纹样和服的女子，看上去幼小一些，标致的鹅蛋脸还有些稚气未脱的样子。

---

① 三味线，日本传统乐器，与源自中国的三弦相近。——编者注

三味线叮咚响起，在金色屏风前，和服女子冉冉起舞，衣裙纤细的手指在空中划出一道优雅的曲线。绮裳罗裙的香气荡漾，温柔地化解了筵席的严肃氛围。后来知道，年长的是艺伎，年幼的是舞伎，怀抱三味线的是伴奏者，多是三人一组出席堂会。

　　京都的舞伎艺伎们分属五大花街，分别是祇园甲部、宫川町、先斗町、上七轩、祇园东。舞伎是师妹，艺伎是师姐。以往十一二岁童颜未脱的舞伎也不罕见，现在规定必须要中学毕业后才能入门。

日本各地的女孩子们怀着对舞伎的一份憧憬,来到京都,敲响花街的大门。朋友的夫人紫乃,就是这样的一位女孩。来自南部宫崎县的她,中学二年级时看到电视上介绍舞伎的节目,心生憧憬,和母亲来了一次京都,上门拜访花街的妈妈桑。

眉清目秀,有着一双透明清澈大眼睛的紫乃,顺利通过了妈妈桑的面试,中学毕业后来到京都,住在置屋(置屋是培养舞伎的妈妈桑家),接受为期一年的培训,学习花街礼仪、日本舞蹈等。

　　她说最大的难关,莫过于独特的京都花街方言。"谢谢"这个词,普通日语是"ありがとう"(arigato),花街用语是"おおきに"(okini),日语普通结尾词发音是"です"(desu),花街用语是"どす"(dosu),语尾稍稍上翘,更有一番软糯的味道。

　　花街有着严格的上下级关系,妈妈桑是需要绝对服从的老板娘,刚入门的舞伎培训生除了学习技艺之外,还要帮助照顾妈妈桑和师姐们的日常生活。紫乃在清晨天蒙蒙亮的时候第一个起床,做各种准备,夜深人静的时候要等到师姐们上完堂会回来,帮助收拾好衣饰后才能就寝。

一年培训结束后,有一个月的实习期,紫乃跟着艺伎师姐出席各种堂会,学习应酬交际。终于到了"见世"(omisedashi)这一天,这是学习期结束,成为一名正式舞伎的日子。置屋的妈妈桑带着穿着盛装的紫乃,去逐家拜访花街的各茶屋,请茶屋多多派工作给紫乃。

在这里,梳理一下置屋和茶屋的关系。如果用现代词汇来解释的话,置屋是艺人经纪公司,茶屋是演出公司。筵席活动想请艺舞伎出场的话,主办方联系茶屋,由茶屋负责选派艺舞伎,艺舞伎是否能多拿到工作,和茶屋的关系非常重要。每天上午紫乃会穿着得整整齐齐,去花街的各家茶屋逐一问候,如果茶屋老板不在家,便从门缝里塞入自己的名片和问候语,以期让茶屋老板记住自己。

艺舞伎的出场费按小时计，一般宴会2～2.5个小时，人气的艺舞伎晚间可接两场。出场时间的计算方式也很独特，从艺舞伎离开置屋前往会场时开始计时，到宴会结束回到置屋时止，即包含来回的移动时间。

　　身材小巧、笑容甜美的紫乃做了5年的舞伎后，面临人生的下一个选择。或晋升为艺伎，继续留在花街；或退出花街，做一名普通的女子。舞伎和艺伎最大的不同是，舞伎有所属的置屋（妈妈桑是经纪人），是置屋投资的一个艺人，住在妈妈桑家，包括演出服在内的日常开销均由置屋承担，出场费收入的大半也归置屋。

　　升为艺伎后，则搬出妈妈桑的家，成为一名独立的艺人。衣食住行均要靠自己，仅工作时的那些华丽和服，就是一笔不小的费用。紫乃的选择是，先回到家乡休整一些日子。做舞伎的时候，一个月只有2～3天休息，为了保持独特的高耸发型，一周洗一次发，晚上睡觉时使用古老的高枕，而且只能侧睡。这是自己选择的路，并不后悔，但在晋升艺伎前她想体验一下和同龄女孩一样的普通生活。

后来紫乃重返京都,成为一名艺伎。在一个大年三十(12月31日)的晚上,她认识了一个说话有趣的京都男生。后来,他们结婚了。这个男生,是我们民宿的税理士①。

他们的新家,就在紫乃熟悉的祇园。夫妇买下一栋有百年历史的老房子,将其重新装修,二楼是先生的办公室,一楼为紫乃设计了一个小小的酒吧,仅容4~5人。预约制,一周数晚身着和服的紫乃在这里接待客人。微暗的灯光下,她那双清澈的眼睛,显得分外明亮。音响中传来低低的爵士乐,间或听着紫乃的软侬口音,抿一口小酒,度过些大人的时光。

说明:文中图片不是紫乃。

---

① 税理士,日语专有名词,指专门代理或帮助纳税人依法履行纳税义务的税务专家。——编者注

清水烧 — 高岛慎一

在京都住久了，晨起看天空是蓝的，风吹来是柔和的，庭院叶子上挺着的露珠是可爱的，心里就觉得满足。渐渐地少买衣饰了，隔三岔五家里会多几只器皿。有时候因为一只器皿，下厨会成为一种快乐。做饭的时候对着砧板和食材，先会想用哪一个盘子来盛放。日复一日的每天，也因此而滋润起来。

一直有一个心愿，想要请匠人做一批清水烧的器皿。耐看的大号咖啡杯，可以捧在手上，对着小院子发呆。百搭的细长型餐盘，放几样小菜，或是寿司。豪爽的大碗，冬天的时候盛上一碗热腾腾的面条。还有颓废的土质小花瓶，插上院子里的野花。

匠人，就是做机器不擅长做的事。

为此跑了几次东山的今熊野，那里有高岛慎一先生的工房——洸春窑。高岛家起初在爱知县濑户地区制陶，明治时代中期其曾祖父率家人移居至京都，祖父代开创了洸春窑，慎一是第三代窑主。

他毕业于立命馆大学理工科研究生院，做过普通公司职员，最终回到家族继承父业成为一名清水烧匠人。他说他有一个很开明的父亲，鼓励他去做喜欢的事情。绕了一圈，最终还是决定回来和泥土打交道，是因为发现自己喜欢陶土的味道。

2012年获京烧清水烧传统工艺士称号的高岛慎一，已是京都清水烧业界的中流砥柱。因为是理工科出身，高岛对清水烧有自己的一番独到见解。陶土烧

制上釉，都是化学变化的过程，他乐意去挑战并享受化学变化带来的各种可能性。

他的作品风格多变，有古朴的花器，细腻的白瓷，也有亮丽的杯盏，最近开始挑战制作室内装饰材料，诸如古典风格的门把手，凝重的陶瓷灯罩，为京都国际会议中心做带Logo（标志）的瓷砖等。业界的人都知道，高岛从来不说"不"，任何稀奇古怪的订单，他都会凭着理工男的一股钻研劲，琢磨出方案来。或许对他而言，工房是一个最好的化学实验室。

在他的工房里,和高岛在一起聊天,会觉得他像一个亲切随和的邻家大哥哥,脸部表情很丰富,一口京都方言,且语速极快,说着说着有时会手舞足蹈起来。对话间,他的回答很妙。

问:何谓好器皿?

答曰:在于当主人的双手轻轻握住它时,手里的感觉是否舒服。

问:何谓匠人?

答曰:匠人就是做一些机器不擅长做的事。

问：何谓传统？

答曰：传统是现在对过去的定义，也是未来对现在的定义。我现在做的这些事，如果200年后能被称为传统的话，那是我的幸运。

说完，他有点害羞地笑起来，像个大男孩。

奢华是一瞬。日常，才是最重要。

借着匠人的智慧，希望做一些手里握着舒服的器皿。

第二章
餐盘上，看季节的轮回

平八茶屋 — 夏目漱石曾到访的料理旅馆

来京都，品尝何种美食为好？常常被这样问。美食各有喜好，很难做武断的推荐，但如果只在京都停留一晚的话，可以体验一下京都怀石料理。

怀石料理和茶道有着很深的渊源，起源于正式茶会时主人招待宾客的筵席。它的三大要素是，第一选用时令食材，第二注重食材的原汁原味，第三每个环节均要展现主人的款待之意。"怀石"二字，据说有各种缘由，有一说是修行僧侣为了抵御腹中饥饿，捡一块石头加热后放入胸襟；也有一说是指在茶会之前主人为客人准备的一汤三菜，略微垫饥以便让客人在最佳状态下莅临茶席。

怀石套餐由6～9道菜组成，从冷盘到刺身，从烤鱼到蒸菜，会一道一道地依次上菜。观其色，品其味，赏其皿，伴些许清酒，谈笑间一两个小时就过去了。

这是一家夏目漱石也曾造访的怀石料理旅馆——平八茶屋。平八茶屋的名字，在夏目漱石的小说中也屡次出现。《虞美人草》的开篇，主人公甲野就提到了这一家茶屋，"这个时辰去翻山越岭，不知道何时才能抵达山顶呢。早知如此，今天在平八茶屋玩耍一天才好呢"。另一部小说《门》第14章，也有对这一家茶屋的描述，主人公在茶屋品尝了串烤河鱼，之后呼呼大睡。

接待了众多文人墨客的平八茶屋位于京都市区北部，有着440多年的历史。茶屋前面的道路，古时被称为若狭街道，是将福井县的新鲜水产运送到京都的一条干线道路，因鱼的种类以鲭鱼为多，又被称为鲭鱼街道。

茶屋入口是一个颇有视觉冲击力的茅草屋门，名为"骑牛门"，是从一家禅寺迁徙至此。蜿蜒的石板小路往内院延伸，绿枝青苔呈现，庭院深处更是古树参天。近2000平方米的庭院，是历

代掌门人精心守护的一方空间。最大的一次修建是在20世纪30年代，旅馆边上的高野川突发泛滥，茶屋大半建筑被水淹没，重新规划后修成现在的布局。

身着和服的服务生说话也是柔声柔气，引领客人穿过内院，不时回头微笑着提醒你注意脚下石阶。脱鞋，上台阶，是一个个小包厢。窗外，高野川河畔映衬着古老的枫树，想象着深秋时分这里的美好。和市区相比这里的枫叶红得晚一些，11月中旬起渐红，下旬至12月初为最盛期。

怀石料理之宴，沿袭了平八茶屋400多年来的历史，上菜前先上一道抹茶，和着玲珑的小点心。继时令的甘鲷鱼刺身后，是精巧的八寸。八寸，是怀石料理的一道代表性菜肴，将各种精致小菜放在八寸（约24厘米）大小的盘子里，摆盘错落有致，凭借料理人的美学概念，在小小盘子上展示京都四季的美味。秋冬季节会上鲭寿司，将肥厚的鲭鱼在海带醋汁里腌制而成，数百年传承的味道健在，不愧为平八茶屋的一道招牌菜。

盖碗中盛放的是煮菜，食材多为南瓜、芋头、萝卜。市井上最普通的蔬菜，齐巧巧地放在朱红金边碗里，平添了一份高贵。筷子轻夹，大地的滋味慢慢在口中荡漾开来。

茶屋女将来包厢和客人寒暄，女将那种不卑不亢，柔软又凛然的气质，真棒。聊了几句茶屋的历史，主人家族姓园部，目前的掌门人是第二十一代。园部家有两条家训：一是掌门人需学习厨艺，亲自握厨刀；二是全家要住在旅馆大院。

数百年的浮沉，事业有起有落。再是低谷，主人若能手握厨刀，女将若能出得厅堂，夫妻俩就能守住这份家业。

从小住在旅馆大院，看着祖辈父辈忙碌的身影长大的当代掌门人也笑着说，从小就被洗脑，长大了得接过家族的这根接力棒。

或许这就是京都有那么多百年老店的秘密。餐后离开，女将一直送到门口，深深鞠躬，让人感受到日本老铺料亭的待客之道。

晚餐10000日元起。这一家茶屋很实在，让人一心想在不同的季节再来。秋天的时候，望着窗外的红枫，来一顿小奢侈的松茸火锅，也一定不错。

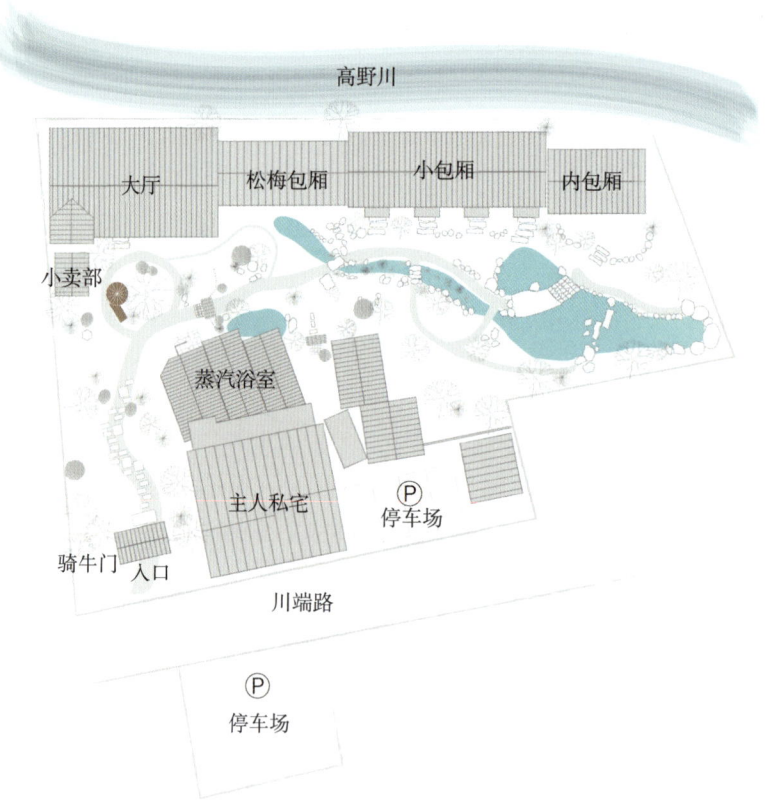

平八茶屋
京都市左京区山端川岸町8-1
https://www.heihachi.co.jp/

近江牛

鸭川 Takashi

日本有三大和牛之说，分别是神户牛、松阪牛和近江牛。论知名度首推神户牛，论味道则三家各有特色，难分伯仲。

从地理位置来讲，距离京都最近的和牛产地是滋贺县近江，近江牛是三大和牛之一，古时曾是当地诸侯上贡幕府将军的美食，肉质细腻，脂肪带有自然甘甜美味。

好的牛肉，不需要复杂的烹饪过程。从性价比角度来说，去百货店地下商场或是大一点的超市，买几盒上好的黑毛和牛肉回家，自己动手烧烤是最实在的选择。不过有的时候会有点懒懒的，最好是有人将烤得火候完美的和牛，放在你的碗里。

心里想吃肉的念头渐渐滋长起来，终于抑制不住。这样的日子便会找一个奖励自己的理由，去鸭川Takashi。

鸭川附近的一条小巷。和牛的暖帘,是鸭川Takashi餐厅的标志。这家的牛肉,是来自滋贺县近江的签约农场。看见近江牛的招牌,眼前豁然。

年龄大起来了,会怀念年少时吃肉的豪爽,风卷残云后,身材仍是瘦瘦的。现在每想到要吃肉,会暗暗责成自己多跑一次步,也更珍惜每一次吃肉的机会。所以既然来了,就想着一定要吃上好美味的和牛。于是略微奢侈,点一份厨师长特选套餐。

首先是一热一冷,两道前菜。热菜,有时是和牛蒸蛋,牛肉的柔软和鸡蛋的滑润,结合得天衣无缝。是呀,如果不是上好的牛肉,是不敢和鸡蛋一起蒸的,因为口感会相差太多。有时是刚出炉的牛肉炸饼,裹有一层上品的勾芡。肉末滋润的肉汁渗入憨厚老实的土豆泥,在嘴里奏响一部小小的交响曲。

冷菜,是最爱。冷涮近江牛。乍看仿佛是生牛肉,其实是涮过。厚薄均匀的牛肉在沸水中轻涮,速入冰水一过,更增和牛的细腻美味。和国内朋友一起去的时候,会悄悄关照大厨,涮的时间稍长一些,以免朋友们不习惯。

主菜是近江牛五种不同部位的牛肉。每次大厨都是亲自一一介绍,每次听过后都会忘记,只记得每一种都好赞,味好量足。

　　如果坐柜台的话，大厨会在每个人面前放一个小炭炉，眼观六路地关注火候，说一声"哈伊"，把烤得恰恰好的和牛放在你面前。用筷子夹起，入口。幸福感慢慢洋溢开来，什么跑步呀减肥呀，暂时都抛到云霄外。

　　主食，是炭火烤饭团芥末泡饭。清新的炭火味，酱油的微香。芥末，是画龙点睛。满满的胃袋，竟腾出了空间。稀里哗啦，饭团和着茶水落肚，好爽。

　　色拉。烤时令蔬菜。咖啡，甜点。画上完美句号。

鸭川Takashi
京都市中京区末丸町265-1

走出鸭川Takashi，轻轻打一个嗝。穿过小巷，沿着河畔，慢慢走回家。或许，这就是住在京都的小确幸。

一之传 | 京都性价比最好的午餐会席

京都最难预约的餐厅之一,接电话的女生永远是那么温柔,温柔地让你被回绝了仍不会生气。料理一直那么美味,环境和服务一直那么好,让人隔些日子便会想念。不由自主地翻开日历,抱着祈祷般的心情去拨他家的预约电话。

一之传,位于锦市场附近的一家鱼干老铺,创立于1927年。从锦市场和柳马场通的交叉口往北走百

余米,可以看到一栋传统的町屋建筑,正门上方悬挂着一块颇有些岁月的招牌,暗紫色门帘上一个雄劲有力的"一"字,随风飘扬着。

四面环山的京都,最美味的本地食材是蔬菜和味噌鱼干,日语称为"西京渍"。西京是指京都特有的西京味噌,略甜,味道上品。在物流尚不发达的古时,人们将日本海的鲜鱼腌制在味噌酱中运送至皇城京都,供达官贵族享用。西京渍的烤鱼,自古便是怀石料理中一道不可或缺的主菜。

店铺一楼是出售鱼干的商铺,二楼是餐厅。餐厅只有午市,仅提供一种怀石料理套餐(3950日元,带抹茶4250日元),菜单每月一换。

共六道菜。第一道菜,是呈"一"字形细长器皿的冷菜拼盘。有八九道时令小菜,精致地摆好盘端出来,形状颜色味道都经过了细心琢磨,仿佛客人们的一声小小惊叹,也亦早在大厨的计算之中。

067

　　前菜之后依次是蒸菜、煮菜、特制烤鱼、土锅米饭和味噌汤、水果。最期待的是烤鱼，采用传统工法在独家配方的西京味噌中腌制48小时以上，最后由熟练工匠根据季节、温度、鱼的种类和形状来进行微调。

　　烤好啦！青瓷盘上的烤鱼色泽丰满，隐约可见油光。肉质柔柔的，用筷子可轻松切开。又是肌理紧紧的，筷子夹起来是一整块。入口的滋味是醇厚的，味噌的香味与鱼肉的滋润感浑然一体，每一口都值得细细尝来。

　　一之传的米饭，也值得一提。选用京都丹后地区A5级大米，每天现碾。算好时间，待客人入座后开始用小土锅点火煮饭。烤鱼盘上来后，店员会接着将刚煮好的土锅米饭端上。掀开厚重黑色的锅盖，一颗颗晶莹的米粒，热腾腾地散发着刚出炉的大米香味。一片烤鱼，一碗米饭，最简单，却是最美味。

京都 一之传本店
京都市中京区十文字町435番地

午餐为全预约制，店外看不到排队的影子，其实一直是满座。每隔15分钟进一批客人，每组客人用餐时间为90分钟。客人们都很恪守时间，若早到了，店家会安排客人在一楼休息室等候。古典的桌椅，窗外坪庭的翠绿，在这样的空间等候，也是幸福时光。仿佛自己成了一个小小贵妇人，在幽雅的客厅里，等候味蕾的绽放。

在大丸百货寻觅米其林

京都有高岛屋、大丸、伊势丹等众多百货店，不过在很多老京都人心目中，还是认同大丸百货店是业界的一块老牌子，亲切地称它为"大丸桑"。

大丸的历史可以追溯到1717年，下村彦右卫门正启在京都开了一家和服店，名曰大文字屋，是大丸百货店的前身。百货店于1912年在繁华的四条通开业，美国建筑设计师威廉姆设计的三层西式建筑大大吸引了京都民众的目光，这栋楼也是代表西方文明进入古都的标志性建筑之一。

最喜欢去大丸百货地下一层的食品层，整个京都好吃的甜点和美食，都聚集在那里。例如，仙太郎的和果子。

和果子多讲究外观色彩之美，仙太郎说，我们更注重的是实实在在的美味。他家的和果子外观朴素，在各式华丽点心中很不起眼，但味道真心好。

我们有一家四条民宿距离大丸很近，适逢2016年春天开业。在准备开业的那些日子里，天天在民宿里忙碌，春天是樱花团子的季节，记不得吃了几回仙太郎的樱花团子，软软的糯米包裹着温和甜味的细腻豆沙，外裹着在盐水中浸过的樱花叶子，满满的，是春天的气息。

三色团子也是来自仙太郎，一朵粉色的樱花花瓣是小小的点睛之笔。

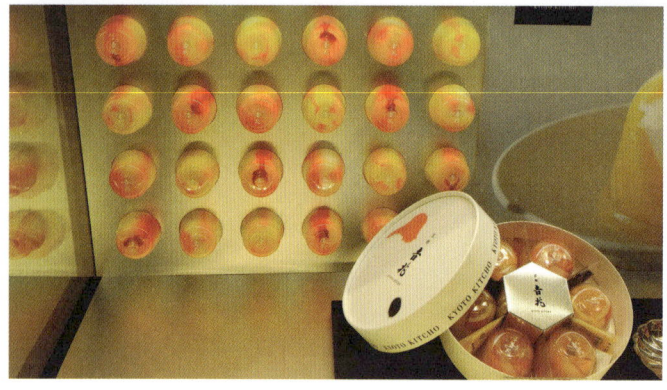

傍晚时分,琢磨今晚吃什么?如果住在四条民宿的话,徒步七八分钟可到一家米其林餐厅——旬逢·纱纱木,抑或前往大丸地下一层,去吉兆、下鸭茶寮等米其林餐厅专柜购些精致的食盒,也是很值得推荐。

吉兆的专柜面积最大,只是现场出售的食盒种类不多,5000日元的食盒需要提前数日预订,对于游客来说,或许便利性稍低一些。

推荐买吉兆的茶泡饭调料,作为第二天的早餐。当年吉兆的创始人汤木贞一在大阪是凭借鲷鱼茶泡饭成名的,可谓吉兆的一道看家菜。调料中包括一个小的真空袋,里面是一片厚实的鲷鱼。米饭加鲷鱼,洒上吉兆的调料,用热腾腾的茶水冲泡,便可轻松享用一顿米其林的早餐。

1月2日和3日,吉兆专柜有限定版元旦礼盒出售,每年都会买。茶泡饭有多种味道,鳗鱼和三文鱼也很让人喜欢。

晚餐食盒,选择范围比较广的是下鸭茶寮。位于下鸭神社边上的下鸭茶寮,是一家创立于1856年的米其林一星料亭。大丸的下鸭茶寮专柜出售的食盒有5~6种,价格从1000日元至5000日元不等。

推荐买不带米饭的Kurama食盒,菜肴有十多种,都很精致。最喜欢他家的鸭脯肉,柔软适中,很上品的味道。带回民宿,去厨

房找一个大气的盘子细心摆盘,就是家里的米其林餐。

主食,可以试一试Izuu的鲭鱼寿司。京都四面环山,在运输不发达的古代,罕有鲜鱼上市,用盐腌制的鲭鱼是节日筵席上一道不可或缺的美味。创立于1781年的Izuu,用日本近海的鲭鱼、滋贺县的江洲米、北海道产的天然海带制成的鲭鱼寿司,是京都的一道代表性美食。

Izuu位于祇园，从第一代到第五代只做外卖，供应给祇园花街的筵席。1970年才开了一家餐厅，开始提供堂吃。在大丸地下一层，有一个小小的柜台出售这道名菜，位置在吉兆专柜附近。

带一抹粗犷暗金的大盘，放上肥厚的鲭鱼寿司，恰恰好。配上一盏清酒，望着窗外的坪庭竹子摇曳，享受DIY的居家米其林。这是来京都住小院子的真髓，也会是难得的旅途记忆。

岚山松籁庵

风为裳，水为佩

　　有这么一家日本料理，建在岚山渡月桥上游的峡谷里。沿着蜿蜒的小路拾阶而上，又下，只有路边参天的古树，还有虫鸣鸟语伴你行。第一次去的人，走到一半时大多会担心起来，这条上山的路，真的对吗？就在半信半疑之际，终于在路的尽头看到一个小山庄，松籁庵到了。

　　山庄原是日本贵族近卫家在京都的别墅，依山而建，窗棂悬空于桂川清流之上。风吹来，松枝一阵摇曳，呼呼作响，声如天籁，故名"松籁"。

　　如京都大多数的房子一样，别墅不大，因为是依据天然地势而建，山庄建筑呈不规则状，却是那么自然地融入了山里，成为岚山风景中不可或缺的一部分。

　　料亭主人姓小林，名芙蓉，是日本一位小有名气的书法家。山庄的匾额、房间的挂轴都出自女主人之手。门厅里坐落着一个古拙的大花瓶，插着色彩淡雅的花草，不卑不亢地在那里，散发着山间的自然风韵。

脱鞋入内，便有穿着深色家常衣衫的阿姨来迎客，给人的感觉仿佛是来到了一位长辈的家。举手投足，都会小心起来。若是穿过了景区络绎不绝的游客人群走到这里，会觉得神奇，只不过往山上走了十几分钟而已，这里是如此地安静，宛若一片世外桃源。

进入挂有松籁庵匾额的主厅，眼前豁然开阔起来，宽大的窗棂和窗外映衬的明亮山景，与曲径通幽的入口形成了玄妙对比。只有40个位子的松籁庵，预订时一定要选临窗的座位。用手托着腮帮，默默看山间的枫叶、对岸的盈绿。原来窗外的风景，是最美味的一道前菜。

主厅右侧,有一个凌驾于山谷间的小平台。想象一下盘腿坐在山间的样子,会是多么惬意。风起,闭上眼睛。任山风拂过长发,吹入身体的每一个毛孔,带走世间尘埃,还回本真的自己。

餐厅的主打菜是豆腐料理,午市有三个套餐,点中档4600日元的那份,足矣。先是一道精致的冷盘。或许山庄主人是艺术家的缘故,菜肴尤为讲究形和色,每个菜品都是那么惹人怜爱,不舍得动筷子。热菜是一人一份小锅的汤豆腐,很清口。京都的水好,做出来的豆腐也美味,可以感受到大豆的细腻润滑。也喜欢他家的炸豆腐羹,外脆内软,蘸着热热的汤汁一起吃,好落胃。

最后还有一道玲珑的小甜点。喝着热茶,看看窗外。

静下心来，听松涛澎湃，清流潺潺。正如李贺的那首诗，风为裳，水为佩，松籁庵本身就是一个绝代佳人。

松籁庵

11点—17点　需要预约

京都市右京区嵯峨龟之尾町官有地内（从渡月桥前往的话，背朝渡月桥沿河往里走，走过保津川漂流下船处，继续往前。走过龟山公园入口，从最里面的一个小道上山。中途道路左侧可以看到餐厅指示牌）

小巷子里的米其林

旬逢·纱纱木（Shunai·Sasaki），是我爱去的一家日本料理店。餐厅位于藤井大丸百货店旁边的寺町通，门面毫不起眼，一不小心就容易走过头。

店主姓佐佐木（和"纱纱木"同音），曾问店主，为什么取"旬逢"为店名？在日语中，"旬"意为"时令"，"逢"为"相遇"。取时令之美味，寻一份美味的邂逅，这是店名的由来。

2012年开店，2013年获米其林一星。

佐佐木店主曾在两家著名的餐厅工作，一家是被誉为京都日料餐厅顶峰的"樱田"（2016年关闭），另一家是米其林二星和牛餐厅"京洛肉料理Ishin"。

樱田门下有五大弟子，佐佐木师从樱田10年，昼夜两席，四季全满，在这家名店他学到了京都怀石料理的精髓。后又去米其林和牛餐厅进修两年，这让他的怀石料理中多了一份和牛元素。

例如怀石的代表菜品——八寸。在24厘米见方的托盘上，错落有致地摆放着5~6种小菜，一般多是时令海鲜和应季蔬菜，佐佐木家的八寸拼盘中有两道是牛肉。柔嫩的和牛配上浓厚的蛋黄凝羹，用小巧的汤匙一起送入口内。超级美味，客人们的嘴角会不由地浮起微笑来。

主食的土锅菜饭，也是每次的期待。有时是鲷鱼，有时是小银鱼，鱼香扑鼻地端上来，硬是让已经好饱的胃腾出空间来，可以一气吃下两碗。若米饭吃不完，大厨会善解人意地捏成小饭团，让客人可以带回家夜食。

樱田门下的弟子们在独立开店时都遵师训——"开午市,住二楼"。开午市,是接地气;住二楼,是节省租房开支,可以将有限的预算都用来购买上好食材。开店以来,佐佐木夫妻也一直恪守着这一师训。

店主夫人身穿清淡的和服,柔声细语地穿梭在客人间,和服图案多是白色底碎花或蓝色底白花。她黑黑的发髻,典型的瓜子脸,有时候还有一点点腼腆。

数年前当我第一次去佐佐木家,为每一道菜感动,临走前把如实的感想告诉给佐佐木夫妻时,还记得年轻店主的一丝羞涩、妻子欢喜的样子,以及注视丈夫的一缕充满了自豪和怜爱的眼神。

若允许以我的独断而言,这家店缺少的,只是一个古老精致的庭院,或是一幅有些年代的挂轴而已。若论其料理水准,可以和米其林老牌店相媲美。

隔了些日子再去,佐佐木多了一个更年轻的帮手。隔了些日子再打电话去预约,被告知要两周以后才有空位。为佐佐木鼓掌,但也有那么一点点寂寞。有一天,它会成为一家很难预约的餐厅。

旬逢·纱纱木
京都市下京区中之町582

京都安缦鹰庵的夏日回忆

上一次来京都安缦，是2019年11月。穿了一双深紫色的皮靴，像小女生般在草坪上欣喜跨步。仰头看天空，云彩离得很近。

再访京都安缦，是8月盛暑。还是那片大草坪，蝉鸣起伏，炽烈的阳光穿透枝叶，在草坪上勾勒出浓淡。

矗立在山门外的日本料理"鹰庵"（Taka-an），一条11米长的古木餐桌镇坐其间，桌板上隐约映衬

085

着窗外的一抹绿色。坐下喝一杯沁人的凉茶,且让暑气渐渐褪去。

　　静静地,期待新任总厨高木慎一朗的料理。高木执掌一家位于金泽的高级日料"钱屋",米其林二星。据说京都安缦老总品尝了他的料理后为之倾倒,三顾茅庐将其请至京都,出任鹰庵总厨师长。

一道好菜,余韵让人念念不忘。以下,是时隔半月仍挥不去的鹰庵美味。

金枪鱼寿司

金泽是全日本寿司水准最高的圣地之一,能在京都品尝金泽米其林二星大厨亲手现捏的寿司,乃是口福。

鱼片在特制酱汁中浸了些许时间,泛着诱人的光亮。二贯寿司被盛放在九谷烧的器皿上,像是一幅艺术作品。

用手轻握着寿司,一口放入嘴内。无需用"咀嚼"这个词,就像家乡的东坡肉，柔软得可以用筷子切开一样，嫩嫩的金枪鱼和松软适中的饭团只在舌尖上轻轻转一两个来回，一个寿司便轻灵落肚。仿佛每颗米粒的间隙都经过了精心计算，紧一分口感则硬，松一分则手指无法夹起。

金泽的寿司，果然名不虚传。

炭火烤京都和牛

拥有700年历史的京都平井牛是黑毛和牛的一种，14世纪初出版的《国牛十图》是最早介绍日本和牛的一本书籍，其中已有平井牛的记载。

这道炭火烤和牛，首先是炭火微微的清香入鼻，用筷子轻轻夹些许现磨的新鲜芥末，放在牛肉上。芥末的味道是柔和的，不扑鼻。

尝了牛肉,明白了其所以。

牛肉口感绝佳,无须强劲的芥末来调味。调料厚重,则无法品味肉的细腻。原来真正好的和牛,不仅是入口即化,而且不知不觉间盘子已空,胃里仍还有可以接纳美食的空间。

好牛肉,好火候。

清酒蒸香鱼

从清流中捕获的香鱼,是京都夏季食材中必定登场的一款,以油炸或炭烤居多。8月末,香鱼已近尾声。

这个夏天已尝过各种做法的香鱼了，鹰庵的这道菜是今天最大的惊喜。

选取最肥厚的一段鱼身，加清酒猛火蒸，香鱼的一丝青涩味在清酒中升华，成为一抹甘醇的鱼香，浓缩在晶莹的玻璃器皿里。一圈精致的金边，衬托出被誉为清流女王的香鱼之丰腴高贵。

入筷，是至福的一瞬间。

香鱼肉质淡泊细腻，忽然有一个奇想，若蘸生姜香醋，味道或可媲美最肥的大闸蟹。

冬瓜羹，醇厚美味直逼鱼翅汤。鳗鱼饭，却是意外的清淡上品。想起了高木总厨师长的一句话，一场筵席就像一场歌剧，有序幕，有高潮，亦有尾声。只是未想到今天的尾声，会是如此曼妙。

厨师在柜台内支起锅架，端出了葛粉和水，煮起葛粉条来。这道京都著名的甜点原本起源于祇园花街，黏糯的葛粉条佐以冲绳红糖做的黑蜜汁，溜滑入口，余味清爽，作家水上勉曾大赞其可以解酒。

精巧的器皿，刚出炉的葛粉条色泽透明，如清流一般，为鹰庵午宴画上完美句号。

一顿午餐，为何会有如此鲜明的记忆？或许因为它不仅仅是一顿饭，更是一场五感的盛宴。

这个空间，这个器皿，这道菜，都为这一瞬间而存在。

京都安缦鹰庵（Taka-an）。

第三章

住在京都的我们，爱去的地方

京都厨房——拥有几个世纪历史的锦市场

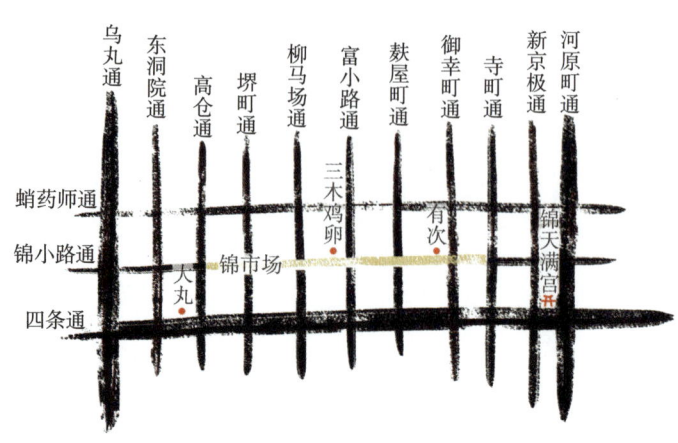

"锦",日文的发音是Nishiki,京都的老百姓们习惯将锦市场亲切地称为Nishiki,它是一条狭长的商店街,东起寺町通,西至高仓通,全长390米,鳞次栉比的小店铺共有130余家,多出售食材。

如今已是游客必访之地的锦市场,其历史可以追溯到8世纪,几家鱼铺陆续在这里落户,成为锦市场的起源。真正开始热闹起来,是在江户时代。鱼铺获幕府批文成为官府的鲜鱼供货商,开始向朝廷及各家神社寺庙提供鲜鱼等食材,市场繁荣昌盛起来。锦市场附近的锦小路一带,至今还保留着东鱼屋町、中鱼屋町、西鱼屋町等地名,是昔日鱼市场的一个写照。

明治时期日本迁都至东京，鲜鱼供货商的官方批文形同虚设，锦市场曾一度衰退冷清。商铺老板们重振旗鼓，开始营销蔬菜水果和各类干货，锦市场又逐渐恢复了人声鼎沸的景象。

提到锦市场，不得不提江户时代的一位著名画家，伊藤若冲。伊藤的出生地就在锦市场，他是一家蔬果店店主的长子，原本应该由他继承家业，但伊藤若冲一头扎进了艺术世界，将祖传家业让给

了弟弟，自己专心绘画。他最擅长画鸡，在锦市场会看到不少商店卷闸门上绘制着各色姿态雄伟的鸡，这也是店主们对昔日伟大画家的一份敬爱。

这条狭长的商店街上，有好多家出售豆腐、腐皮等豆制品店，这也有其理由。锦市场东端有一座锦天满宫神社，神社内涌出的地下水名为"锦水"，水质优良的锦水做出的豆腐特别美味。以往每家店里都有一口井，神社的锦水流经各家，井水温度一年四季均在15～18℃，就是一个天然冰箱，保证了海鲜鱼类的新鲜。现在不少店铺的门帘背后，都还留有一口古井。

锦市场一年中最拥挤的日子,是元旦新年前夕。京都的老百姓们全家出动,来这里购买年货,提着大袋小袋的人们将长390米、宽仅3米的通道挤得水泄不通。日本新年习惯吃食盒,在12月31日做好元旦3天的菜,装入精致食盒。食盒中不可或缺的一道菜,是日式高汤鸡蛋卷。京都最著名的一家鸡蛋卷商铺"三木鸡卵",就在锦市场内。

在鸡蛋中加入北海道利尻海带和上好鲣鱼干熬取的高汤,以及秘传的调味料,由熟练的职人在店内现烤。手持长方形的专用小锅,略擦点油,倒入鸡蛋高汤汁,听着蛋汁发出"吱吱"的声音,用筷子迅疾地从里往外翻转蛋卷,一层层包上。关西地区的烤蛋卷,从里往外卷是"京都卷",从外往里卷是"大阪卷"。三木鸡

卵出品的京都卷入口嫩滑,是新年最受全家老小欢迎的一道佳肴。12月底最后3天,城中人们一早来到锦市场排队,领取一张三木鸡卵的号码牌(往往到了上午11点前就会售罄),而此时的店内虽然是腊月寒冬,却是一片热气弥漫的景象,十几个身穿厨衣的职人一心不乱地烤鸡蛋卷,其速度之敏捷,拿捏之准,真称得上是匠人!

再往东走几步,有一家刀具店名为"有次"。有450年历史的这家店铺,原是京都御所御用的锻铁工房,专做刀具。老铺门面不大,门口一块竖立的招牌,临街橱窗里展示的是各式手工打造的黄铜锅,发出柔和的金泽光亮。私下猜想,若用有次的锅来煮三岛亭的牛肉,抑或是京都人待客的最高标准。

进入店内，左侧一面墙上挂满了各色厨刀，大小共有400把，用途分得极细。有次的厨刀分四个等级，从低到高依次为"登录有次""特制有次""有次上"和"真锻有次（本烧）"，能有一把最高等级的真锻有次刀，是很多日本厨师的心愿。最近推出的一款"平常一品"刀，在纯钢材中加入些许不锈钢，厨刀不易生锈，颇受普通家庭欢迎。

买了有次刀具，店内师傅叮当利索地当场帮你刻上名字，刀具可以终身保养。即使买个铝制小平锅，把手坏了可以换，边缘有缺口了可拿来补，能用几代。最近买了一个小小的铜制磨生姜器，外加一把迷你竹扫帚，用于将磨好的生姜扫落在碗里。请店里师傅刻上好友的名字"Rie"，喜滋滋地拿去东京了。

一保堂茶铺 — 一份平淡的矜持

从公寓徒步百余米,是京都茶叶老铺一保堂总店。新茶时分,一走出公寓门口,就会闻到一保堂茶铺飘来的茶叶清香。

一保堂茶铺位于寺町通和夷川通交界处,一幢古色古香的民居风建筑,棕色门帘上几个大字"茶一保堂",凝重大气。喜欢看一阵风吹来,他家的门帘在风中缓缓起舞的样子。

这家创立于1717年的老铺,店内陈设很是古朴。进门可见一长柜台,上方悬挂着细长纸张,上面

是毛笔书写的茶叶种类和价格,一笔一画都是一丝不苟,渗出静静的气质。左侧沿墙是一排大号茶叶罐,默默地在那里,仿佛墙边就是它们的位置,几百年来从未改变。

穿布衣着布鞋的店员,不管是年轻的还是年长的,都是细心柔和,却又不失老店的风范。佩服他们待客时那一份不卑不亢的平淡矜持。

无论是购买最上等的玉露,或是最廉价的番茶,都有店员奉上一小杯季节最好的茶,笑着说一声"どうぞ"(请品尝)。夏季的时候，是碧莹莹的冰绿茶，店员把茶小心翼翼地盛放在托盘上，摆在你面前。店员们的姿势和语气是如此礼让，会让你接过这杯茶的时候，也不自觉地文雅起来，轻轻地抿一口。

日本茶也分很多种类，一保堂的茶叶主要选自京都郊外，宇治地区产的"京铭茶"——木津川、宇治川这两条水域孕育的茶叶。茶叶是自然界产物，即便是同一个产地，每年气候不同，茶叶的风味也会有变化。就如我的家乡中国杭州龙井茶，会有特别好喝的年份，令茶人惊喜。

一保堂店主说，茶叶铺的职责是精选好茶叶，用专业眼光来调配，保证客人每年都能喝到品质稳定的茶。所以老京都人都在他家买茶，买的是一个安心。也许这也是一保堂能在京都屹立300年的秘密吧。

总店内有一家小茶馆，名曰嘉木茶室。门面很小，入口处放着纸笔，写上姓名和人数，等候店员呼唤入座。

茶单价格很平民，可以单点茶，也可以点配和果子的套餐。和果子的种类每天不同，轮流来自各家和果子老铺。老铺之间的惺惺相惜，是京都这方土地的长年默契，提供给一保堂的茶点，岂可不用心。所以来这里品茶，还可以品尝到正宗的和果子。

例如，抹茶配和果子的套餐，880日元。店员会问是您自己体验打抹茶，还是由店家做好抹茶端上来。让客人自己动手打茶，是一保堂茶室的特色。店员会耐心地指点你该加入多少热水，该如何运用手腕之力打出细腻的抹茶。

又如日本玄米茶，是用烘炒过的白米、糙米和绿茶混合制成。绿茶大多选用夏末第三次采摘或第四次采摘的茶叶（又称为番茶）为原料，绿茶特有的苦涩味较轻，再加上烘焙后的米香和茶的芳香交织在一起，喝起来别具风味。店员会将茶壶、茶杯、茶叶一起端上来，更配上一个小小的沙砾时钟，告诉客人放入多少量的茶叶，冲泡多少度的热水，等候多久才是最美味。骤然发现，每天我们不经意地泡茶，若能稍稍留意一下这些小细节，茶的味道会是如此的不同。

去一保堂喝茶，能接触到老铺的内敛温暖。喜欢在游客渐渐散去的黄昏时分去那里。几年前茶室装修改变了格局，增加了座席，排队的时间是减少了，我还是更喜欢以前的老样子，墙上一个圆圆的窗棂，映衬着小院里那棵火红的枫树。

有一次结账的时候，忍不住悄悄和店员说，其实更中意以前的茶馆氛围。中年的店员微笑了，略犹豫了一下，轻声说道："是呢，也有其他客人们这么说呢。"

一问一答中，又看到了老铺人的可爱和诚实。

然花抄院 ｜ 和果子的时光

走到室町二条附近，远远望见白色的门帘在风中轻轻舞起，心里便小小雀跃起来。然花抄院，多么轻曼美妙的名字呀。仿佛是从《源氏物语》中走出来的一个女子，高贵端庄，嫣然一笑而百媚生。

室町街，位于京都市中心，呈南北走向。江户时代起这里汇聚了众多和服商店，颇为兴盛。在街上行走，仍可以看到许多老字号的和服店，还有老建筑。

京都御果子店然花抄院，就在室町通和二条通的交界处。门帘上的汉字，取自店名的"然"。乍看，或觉得像"无"。然花抄院属于大阪和果子老铺长崎堂旗下，是第四代掌门人专为京都设立的一个品

牌。毕业于大阪艺术大学的她,对于建筑空间、店铺陈列和产品设计都有一份执着。

掀开重厚的门帘,跨入有着300年历史的古老建筑。宅子总面积约有600平方米,左侧是点心售卖区,右侧是茶馆,隔着绿意盎然的中庭,里面是工艺品展厅。

踏入店里,意想不到的高耸与开阔。左侧的灶台被特意保留了,轻灵与凝重,在这幢房子得到了完美的融合。就喜欢这白墙黑木,清清爽爽。不需要斑斓的色彩和复杂的装饰,老建筑本身,就已经很美。当年这座宅子的改修,据说花了9个月的时间,设计师

读懂了这幢房子的大气和内敛,真棒。

若去得早,一定要选对着庭院落地大窗的那个位子品茶。盈绿的庭院,为整个建筑带来了水灵,带来了生机。有了植物,就有了季节,有了轮回。春天羞涩的樱花,秋天炽红的枫叶,是期待。不把画布画满,将想象的空间留给看的人,是日本造庭院的美学。得意的时候看它,充满了生命力,伤心的时候看它,抑或是悲悲的凄凉。晴天雨天,风吹或不吹,每一幅画面都是"一期一会"。

沙发后方的墙面上,古老纹样和墨笔浓彩相映,展现着京都四季的雅致风情,和庭院很应景。还有一些墙面上采用了京都传统的唐纸,来自有400年历史的京都"唐长"。唐纸诞生在日本平安时代(8—12世纪),起初作为用来书写文字的纸张而问世,后来逐渐被用于屏风、移门、墙纸等室内装饰。"唐长"——京都"唐纸屋长右卫门",是日本唯一的一家持续了十一代的唐纸作坊。手工印刷的朦胧云纹淡淡地浮现在墙面上仿佛原本就在那里,已经和这座宅子一起走过了绵长岁月。

店员轻声轻语地来问点单,看阳光越过中庭、透过大窗,很适合一个人发呆。若是两个人的话,一定要是心意相通的俩人,否则这份安静,会是尴尬的沉默。

最喜欢这款点心——"卵蜜"。茶单上的解说好长,"使用以丹波黑豆为饲料的土鸡下的鸡蛋做成的和果子"。放一勺入嘴里,

是满口醇厚的蛋香，纤细浓厚的滋味，令人回味。只是茶点套餐里配的"卵蜜"，真心量不多，有时会想和店家说，能不能设大份小份呐！

自制的冰激凌有三种，比较有特色的是Hojicha Icecream焙茶冰激凌。Hojicha是将日本绿茶经过烘焙加工而成，茶叶略呈红褐色，泡得浓浓的茶，可以用来冲泡拿铁，做成冰激凌，也是别有风味。

离开的时候，总会买一份"卵蜜"带回家吃。黑白简致的和纸包装盒，惹人爱怜。手里拎着然花抄院的纸袋，连回家的脚步也是轻盈的。

然花抄院室町总店
京都市中京区蛸药师町271-1

岚山的这家咖啡，坐拥400平方米美景庭院

喜欢清晨或黄昏的时候去岚山，这个时间没有熙熙攘攘的游客，可以悠悠地走在街道上，呼吸从渡月桥上飘来的新鲜空气。

最理想的是9点多到，大多店铺门还关着。看街边的招牌，字体各不相同。有的古老苍劲，有的轻盈飘逸，有的则有棱有角，方正严谨。

拉人力车的帅哥，正在裹头巾，准备开始他一天的工作。红色毛毡座椅的人力车停在墙边，也是一道风景。

从岚山的家到景区渡月桥约1.2公里，走路15分钟。有两条线路可选，一条线路是从车折神社门口沿

着三条通往西,走到"大善"寿司店前,眼前开阔起来,左手边是桂川河,前方隐约可见渡月桥横跨在河面上。

另一条路是从车折神社后门,沿着京福电车的铁轨往西。这条路更有市井风情，穿过当地人的住宅区，中途会看到铁轨边的手工面包店Pain De Lait，品种多，味道好，价格平，但固执地只收现金。每次都会找回一堆沉沉的硬币，但仍是我心中岚山嵯峨一带面包屋的首选。

还有中村屋。这家肉店开了60年，他家的现炸牛肉饼很不错，很多游客会来这里打卡，和牛三明治也颇有名。继续往前，走过红茶店Anna Maria，对面就是天龙寺了。Anna Maria是一家开在普通人家里的红茶馆，庭院很美。

在这个路口左拐，从Lawson便利店对面的巷子里走进去，到底可见一栋大宅院，宽宽的屋顶和颇有气势的大门衬着蓝天白云，

自有一种威严。围墙不高，青松古枝坦然出墙，增了一份亲近感。

10点，门开了，欢喜地进门。这是eX cafe岚山总店，一个20世纪30年代的民宅改建的咖啡馆。入门左边，是一个枯山水庭院。沙砾是海，石块是山，一石一木，均有寓意。隐约可见庭院深处有一株枫树，秋天来一定更美。

咖啡馆入口是一扇木制移门，嵌在黑一色的墙面里很大气。推开门扉，有一两个长椅，是一个等候空间。店里忙的时候，在纸上填写名字，等店员叫号。

宅子不大，一共67个座位，分散在各个房间。沙发座，是我的最爱。不是每次都能幸运地坐到这个区，有时间的时候，心心念念窗外的风景，会一早过去等开门。

招牌甜点——黑抹茶蛋糕。外层蛋糕面粉中揉入了竹炭粉，呼应着大宅子的黑色墙面。半月形的金黄色托盘，一叶竹屉，两轮蛋糕，摆盘很美。

另一道招牌甜点——炭烤团子。一个玲珑的小火炉端上桌来，里面放着几块火力适中的小木炭。各有三串小团子，青团子是艾草味，白团子是年糕原味，要自己动手烤。放两串团子在滤网上，一会儿看香气缓缓升起来。翻个面，团子略微带焦，是恰好。有时会闻到邻桌飘来一丝焦味，一定是热衷于聊天，忘了火候。

有两种蘸酱，一种是甜赤豆味，一种是甜酱油味，配着糯糯的团子都很香。最主要的是映衬着无敌的庭院美景，这幅画面已经让人知足。

一天游走后,迎来日暮。若能坐在临窗的位子,看窗外日渐黄昏,那会是不一样的岚山时光。

eX café 京都岚山本店
京都市右京区嵯峨天龙寺造路町35—3

品酒屋336 — 清水寺边，最畅快的一杯

浅井俊行，清水烧老铺朝日堂的年轻掌门人。他说，如果不是因为两个哥哥都去做了清水烧的陶瓷匠人，家族产业需要他来继承的话，他更愿意做一个空间设计师。

约150年前，浅井家的朝日堂商店坐落在清水寺仁王门牌楼下，开始经营清水烧陶瓷器。对，就是沿着小店的那条石板小径上山，距离清水寺红色牌楼最近的那家大陶瓷店——朝日堂。

浅井大学毕业后，在东京工作10年，之后回京都继承家业，掌管数家店铺。他开了一家品酒屋，就在清水寺山脚下。一栋百年老房子里，用京都清水烧酒杯，来品尝京都本地清酒。

品酒屋设计均出自浅井之手,格窗与黑色很协调地融入周边风景中,木质的原色亦是恰到好处。数台乍看仿佛是音箱的狭长神器悬挂在门梁间,原来是一款黑色时尚酷到极点的空调。

柱子上镶嵌了精巧的挂衣钩,不用时它们乖乖隐身在柱子里,用的时候手指轻轻一扳,便可以挂外套。每每说起这些,浅井像一个顽童一般,会眉飞色舞起来,不像一个执掌家族企业的掌门人,而是一个实现了自己愿望的空间设计师。当一个人做自己喜欢的事情的时候,就会是这样的愉悦神情吧。

喜欢清酒者，可以点一个品酒小套餐，含3杯不同的清酒。清酒来自1781年创业的京都伏见金鵄（读音chī）正宗酒窖，酒精度15度左右，和葡萄酒不相上下。3种酒分别为纯米酒，特别纯米酒，纯米大吟酿。仔细看标签，上面写有"精米步合"（精米度）的百分比，分别是65%、60%和45%。精米度45%，意味着大米刨去了55%的表层，只留45%的米粒用于酿酒。精米度数字越小，酒越香。

靠墙的一长排玻璃柜里，齐整整地排列着本地清水烧匠人手工烧制的酒杯，远看近观也成一道小小风景。选一款心仪的清水烧酒

盅,点一碟青花鱼寿司。肥醇的鱼肉和润泽的大米,加上纯米大吟酿,是绝配。其他下酒小菜则有五条坂上的豆腐店"泉"的豆腐皮刺身、酱菜店"东山八百伊"的清爽淡味酱菜。

夏日炎炎的季节,会被啤酒心动。一个精致的木质托盘上,3杯小小的本地啤酒,柔和的淡黄色,凝重的琥珀色。佐以Linden-baum的特制香肠,豪爽地干一杯吧。

这家位于神宫丸太町的夫妻店Linden-baum专做香肠和西式熟菜,店主吉田英明在欧洲学成回来,在日本全国大赛上得过金奖。他做的香肠原材料均取自本地，经典手工腌制，七味辣椒、柚子、伏见酒糟等几款京都特色香肠，是深受青睐的伴手礼。其中用伏见金鵄正宗酒窖产的清酒糟腌制的一款香肠，只有在这家品酒屋才能品尝到。

品酒屋位于清水寺的后方，茶碗坂和五条坂的交界处。店名"336"，日文念san-san-ro，和三岔路的发音很相近。这家品酒屋是清水烧老铺掌门人的情怀所在，从建筑到器皿，直至提供的酒水和小菜，用主人的话来说，是 All Kyoto，百分之百的京都元素。

从清水寺下来，在三岔口稍驻足。倚在柜台边，要一杯清酒，一碟小菜，看门外人影，三三两两掠过。觉得自己这一过客，也成了古都画面的一分子。

品酒屋（利酒处）336
11点—19点
京都市东山区白丝町572-3

佛光寺里,不卑不亢的匠人空间

位于京都市中心的佛光寺草创于1212年,是由亲鸾上人创建,初始寺名是兴隆正法寺,14世纪日本第九十六代天皇后醍醐天皇梦见一束光芒从东南方射入寝龛,差人往东南方查看后,发现一尊阿弥陀如来佛像,与寺庙内所藏的佛像台座完全一致,遂御赐寺名为佛光寺。

在这座寺庙内,有一棵大银杏树,一家纯日风的食堂和一家有故事的工艺品店。春天樱花烂漫,粉色的花朵俏皮地伸出墙外,点缀着古老厚重的门墙。秋天,古老的银杏树坐镇其间,树叶围着银杏树钩织出一幅黄色的地毯,偶尔风起,银杏叶子三三两两地飘起,又冉冉落下,是一幅如油画般的风景。

　　进入寺庙，左手可见一排厢房，挂着一个白色的，略带现代感的标牌，写着dd食堂的字样。"dd"，是D&Department的简称，是日本设计师长冈贤明推出的一个项目，提倡可以历久弥新、可以使用很久的设计，即Long Life Design的设计理念。

城市在发展，无论东京还是大阪，抑或是地方上的小城市，成了千篇一律的面孔，钢筋混凝土的建筑，干燥冷淡的店铺空间内出售着工业化大量生产的商品。作为一名设计师，长岗贤明在2000年就感到了危机感，丰富了这个国家表情的各种地域文化和特色产品，正在逐渐无奈地退出人们的日常生活。他创建D&Department项目，着力挖掘富有地方特色的产品，介绍经得起年月考验的个性化商品，在日本有8家店，京都店就在佛光寺内。

店铺设在银杏树的后方，招牌上有一个"D"字样。拉开木门扉，和着布衣的店员道一声"こんにちは"（你好）。左手一间房，小展厅不定期地举办主题活动，今天的主角是来自京都府丹后市的手工织造工房Kuska。丹后市盛产丹后绉纱，一度曾是日本最大的

纺织品产地。1936年创业的Kuska工房推出的手织领带，富有层次感，每根领带附有修理卡，在使用过程中如遇拉丝等情况，工房负责保养。如果有一个喜欢穿西装的男友，会有一种想要买下来作为礼物送给他的冲动。宝蓝色的手织围巾，柔软轻滑，配羊绒大衣一定很好。

慢慢看店内的商品。很少有特别豪华，特别惊艳的东西，有的商品还貌似笨笨的，充满手工感。富山县桂树舍的手工和纸，运用了布染工艺的染色技术，使朴素的和纸多了一份色彩。纸质厚重柔软，乍看之下，颇似皮革。

柳宗理设计的刀叉系列。1974年推出的这款商品，是钢铁商社佐藤商事委托柳宗里设计的系列厨具。柳宗理设计商品时，不从纸面设计图入手，而是先制作商品模型，经过2～3年试用修改各种细节，直至自己满意后，才绘制设计图。这款刀叉系列正是经过了这样的反复验证后推出，每个商品都在餐桌上拥有自己完美的角色。喝汤的汤匙角度符合人的嘴型，便于将热汤舀入嘴里，宽幅的黄油刀便于简单地涂抹黄油，意大利面专用的叉子弯曲弧度则考虑到如何能将意面顺利卷起。

来自北海道高桥工艺的Kami系列，使用北海道的木材，做成的各种食器，比陶瓷要轻，透着木头自然的纹样，触摸着它们，可以感受到制作者的气息和温暖。

来自京都洸春窑的瓷碗。洸春窑的高岛慎一老师是著名清水烧匠人（详见本书第45页），Jasmin家食器系列正是和高岛老师共同开发的。说话幽默豪爽的老师，有着一双细巧的手，一心不乱地手绘纹样时，完全进入了自己的世界。

用一句流行的话来说，店内的商品或许没有强大的视觉冲击感，但都很耐看，隐约透露着不卑不亢的匠人精神。

商店左前方是dd食堂的入口。掀开门帘，脱下鞋子，走上木头台阶，是一色整齐的日式矮桌椅。家具来自天童木工，简而美。

小椅子高低恰好，坐着很舒服。店员过来，轻声问吃点什么。要了一份京都定食，一汤一饭二菜。初食，或许会觉得太过清淡。三两口吃下后，觉得米饭好香，粗茶淡饭都是大地的味道。

桌上除了菜单以外,还有一本D&Department出版的 *d design travel* 旅游指南,从一个设计师的角度介绍日本各地。过几天要去东京,拿了一本东京版,看了许久。

饭后点了一份抹茶拿铁,味道很正。窗外,风起。时而,听寺庙的钟声传来。

寂光院,秋天的一道牵挂

寂光院,是位于大原地区最西面,翠黛山脚下的一座尼庵,在日本文学名著《平家物语》中也有登场,是平清盛之女建礼门院德子度过余生之地。

建礼门院是高仓天皇的中宫,安德天皇之母。1185年平氏和源氏在坛浦展开大战,平氏败退,源氏大胜。建礼门院欲投海自尽,后被源氏兵卒从海中捞起。虽保住一命,但已万念俱灰,29岁在寂光院皈依佛门,终日念佛为生。

因为有了这个典故,在我的印象中,寂光院宛若一位隐在深闺中的佳人,只有秋季才会悄然露面。

春夏或冬季，她静静地吸收天地间的灵气，默默地积蓄能量，到了11月层林尽染时分，她下得人间，嫣然一笑。寂光院，是京都秋天的一道牵挂，每年都会想去见她。

从市内搭乘巴士前往大原，在终点站下车。循着标牌，行走在田野间。天上飘着白云，路边不知名的野草摇曳着。古木舒展着枝叶，遮住了半边天空。

去寂光院路中，已遇到风景。拐角民家门口，一株火红的枫树探头出墙，映衬在田野间，红得耀眼。田间溪水潺潺，鸟语啼落，一派悠然的田园风光。渐渐地，路面开阔起来，高耸参天的古木围

成了一个丁字形路口，朝阳从树叶间隙穿过来，照射到三三两两的游客脸上。

山门，在道路右侧。拾级而上，心里开始砰砰起跳，仿佛是一年一度的秋之七夕，要去见久别的恋人一般。山道古色苍穹，远方寺庙建筑坐落期间，或隐或现。

走至中途，见一处小茅屋。绿莹莹的一方屋顶上，积攒着天空飘落下的黄色枯叶，大多可爱地蜷曲着身子，乖乖躺在小草间隙。

阳光照射到的叶子,颜色浅淡一些,树荫下的部分色泽浓许多,光影明暗,自成一景。

屋檐下,一条石径小路通向庭院。对岸,矗立着"孤云"茶室。这座茶室的建筑材料源自昭和天皇即位大典时使用过的材质,茶室建成后邀请里千家宗师在此举行了献茶仪式,以纪念茶室落成。"孤云"两字,亦是取自《平家物语》,后白河法皇御驾亲临寂光院,看望建门礼院,见其生活孤单清贫,不由黯然泪下。

茅草屋檐对面，有一处凹进去的空间，喜欢站在那里眺望山门。古色苍然的山门，门口悬挂着白底紫色花纹的门徽。门里门外层层枫叶掩映，颜色亦迥异。优雅的鹅蛋黄和略暗的金丝雀色之间，一束红得透彻的枫枝怒展，充满了野趣。

跨入寂光院的门槛，满山的枫叶衬托着一座玲珑的殿堂。大殿具有鲜明的桃山时代建筑风格，宛若一个大家闺秀，端庄婉约地坐落在那里，与后山枫叶相依，演绎着京都秋天的一幅美丽画面。

　　大殿往北有一条小径通往后山，林间可见一个石碑，这里是当年建礼门院隐居的尼庵遗址，还有一口古井，相传也是当年女院使用过。和前山秀气的庭院布局相比，后山的树林更显葱郁，树干笔直参天，仿佛人在深山。

在石碑前驻足些许，脑子里遐想着800多年前后白河法皇来此地寻访德子的情景。一座寂寞的小庵，常青藤和牵牛花环绕着屋檐，还有些许勿忘草。尼庵后方是突兀的山岭，前方是冷清的荒野，鲜有人来人往。年仅30岁的德子，需要有多坚强的信念，才能抵挡住这方土地的荒芜呀。

出口边上，是酱菜老铺翠月，出售各色手工腌制的本地酱菜。相传德子在此地隐居后，当地村民闻讯后纷纷献上自家种植的蔬菜，侍女们将茄子、黄瓜等和红紫苏一起腌制，成为大原酱菜的起源。

买一包昔日德子也喜欢的大原酱菜，再回首望一眼山门。

寂光院，明年再见。

第四章

这里的人，把日子过成诗

等我70岁的时候，
我也要像她一样

　　和长谷川老师的缘分，来自一本书《京都着眼力》。作为京都电视台的一名资深编导，长谷川和子策划过一档有关京都传统产业的访谈节目，每期邀请各界大咖出镜，这档节目做了5年。节目结束后干脆和嘉宾们组织成立了一个京都品牌研究会，后来出了这本书。

　　书中有一段话，提到京都的传统文化是注重"时间"的文化。当我读到这段文字的时候，心里的很多疑问顿时有了解答，用它来解释京都的文化，是最合适不过的。

　　例如茶道讲究一期一会，从墙上的挂轴到席间的插花，乃至当天使用的茶道具，主人都会精心选择，是因为珍惜和客人会面的短暂时间。又如京都传统町屋，每家纵深狭长的房屋非常邻近，只有前门后院才和外界相邻，为了在家里也能感受到四季时光的迁移，町屋走廊上多有天窗，让自然光射进来。中间会修一个小天井，通过小小的坪庭来展现四季的自然情景。怀石料理，在餐盘上展现春夏秋冬的时令食材，甚至一个小小的和果子，它的命名也会来自风流优雅的古典季节词。

　和长谷川老师的访谈，地点在她开设的工艺品艺廊"左右"。哲学之道旁边的这栋屋子，昔日是幕府末期至明治时代的文人画家田能村直入的寓所。直入9岁习画，精通儒学汉诗，66岁时创立京都府画学校（现在的京都市立艺术大学的前身），任首届校长，晚年在哲学之道边上的这间寓所开办私塾"画神堂"，他的作品受到当时的明治天皇以及皇族的极高评价，"画神"二字便是由皇族久迩宫挥笔御赐。仔细观看这栋房子的房檐瓦，每一个瓦片上都刻有"画"的字样，让人遐想当年文人墨客们在此挥毫作画的情景。

跨入艺廊，长谷川老师挑选的精致器皿，错落有致地摆放其间。凭借着她媒体人的广阔人脉和敏锐的审美，艺廊里聚集了来自京都以及日本各地工艺作家们的作品。

例如，陶艺家市冈和宪。距离京都市车程1个小时的美山町，是京烧鼻祖野野村仁清的出生地，市冈的制陶工房就在这个风光明媚的小镇上。原本出身于和果子一家的市冈，年幼时就看着家人的背影，跟在大人后面帮着制作应季的各种日式小点心，幼时的这些体验也反映在他的作品中。一心不乱地与陶轮和黏土对话，手工制

作的各式茶具拥有朴素孤傲的自然气息,有时如枯枝一般质朴,有时如孤山月光一般清冽。

眼光被艺廊内的这只竹编花篮吸引。它的端正品相,让我联想起年初在大阪美术馆看的竹艺展。日本竹艺起源于九州大分县的温泉乡,到了明治时代竹艺超越了生活用品范畴,发展成工艺品。

这款花篮,名曰"秋海棠花笼",出自大分县的一位竹艺匠人Masa。正规艺术科班出身的Masa,从名古屋艺大美术系毕业后被竹编工艺的魅力所吸引,放弃稳定收入,只身来到大分县拜师学习竹编，30岁的时候成为一名竹艺匠人。有着深厚美学功底的Masa，擅长捕捉竹子的细微表情，山间平凡竹条经过他的编织后，是如此秀逸大气。竹器表面散发着自然润泽的漆，由他亲手浸染，原料均来自自然界的花草。竹片在他的手指下呈现着千变万化，有时是锐利的直线，有时是柔和的曲线，每一件作品都是他和自然界的一段对话。

灵巧的花器，放在房间里，自身就是一道风景。绿釉的酒器，配上西阵织的专用袋子，是大人的潇洒。席间，不露声色地拿出来，倒些许茅台酒。

在长谷川老师的"左右"艺廊摆放的器皿优雅纤细，又结实耐用。或许，并不是生活必需品，但家有两三样心爱的器皿，在我们失落或悲伤的时候，不知所措的时候，觉得人间不公的时候，看着这些美好的小物件，或用它们来泡一杯茶，心会静下来，会觉得这个世界仿佛还不坏。

和老师在艺廊二楼谈笑。70多岁的长谷川老师，花白银发和皱纹配粉色小西装。房间一角安置着昭和时代的旧家具，午后阳光透过舒缓的铁窗棂射进来，在墙上描画出优美的弧线。

庭院的樱花树下，一块奇岩做成的洗水池，周边青苔若隐若现。竖起耳朵，能听到架在池上的竹筒滴水的声音，嘀嗒。

在左右艺廊，邂逅日常的美好。

左右
11点—18点，周二周三店休
京都市左京区若王子町15-1

茶三乐的大和抚子

"大和抚子",在日本多用来形容温婉娇小、让人爱怜的女生,也是日本男性憧憬的女神。"抚子"的中文,意为多年生草本植物瞿麦花,高约20厘米,纤细的枝头上摇曳着几朵淡雅的小花,清少纳言曾在《枕草子》中称它的美丽在花草中拔头筹。"抚子"一词的来源,据说正是因为瞿麦花长得娇小可爱,人们将其比作令人疼爱的孩子,后来扩大到形容娇柔典雅的女性。

铃木敦子,就是这样一位典型的大和抚子。身材娇小,瓜子脸,清澈的大眼睛,说起话来柔声细语。从5岁起跟着祖父一直学习日本舞蹈,举手投足间都带着一抹温柔。2016年夏天,她从东京来到京

都，打理岚山附近的一家日本茶馆"茶三乐"。深谙茶道的她，穿起和服走进茶室的时候，就是我心里一直描绘着的日本女子模样。

从我们的岚山大舍徒步去"茶三乐"，也就十来分钟。穿过住宅区，在旧书店的三岔路右拐，走过中村屋牛肉店，便可以看到茶馆绿白相间的门帘。像今天这样秋雨绵绵的午后，适合去她家点一份暖暖的日本茶，望着窗外听雨。

茶三乐的茶叶来自日本各地16位茶农家，店里的小册子上有每一位茶农的介绍。例如京都郊外的茶农中西桑，一直注重于茶叶的有机栽培，主要生产抹茶。抹茶也被称为碾茶，在新芽生长期间使用覆盖物遮阳，采摘后用茶臼碾磨成细粉，拥有甘甜深邃的香味。

铃木敦子对茶农们更是了如指掌，她会告诉你今年茶叶品质全国评比，谁谁谁得了第一名。"这位宇治的辻爷爷，今年得了第二名，他还有点不服输呢"，身着淡青和服的铃木笑着说。

选临街的位子，点一份抹茶套餐。套餐的抹茶，可以从两位茶农种植的茶叶中挑选，今天就来一份辻爷爷种的抹茶吧。位于京都近郊的宇治，是日本茶的著名产地，花白头发的茶农辻爷爷在宇治经营茶园数十年，曾获日本农林水产大臣奖，也是属于那种顽固的种茶匠人吧。

　　两款茶，一热一冷。六款抹茶点心。滋润的奶油冰激凌，浇上特浓的抹茶汁，看着绿色荡漾在小盏中，用调羹轻轻送入口，丝露般的奶油味和浓抹茶的涩甜味交织起来，大人的冰激凌就该是这样味道。

　　玻璃酒杯中的冷茶，是将摘取嫩叶后的茶叶小枝浸泡入水，沉浸数日后制成。风味似玉露（日本最好的绿茶），虽然少了一份玉露的那种悠远余韵，但口味清润，带有一丝自然的甜味。如果把玉露比喻为名酒庄的正牌葡萄酒，那么这款用抹茶枝叶浸泡的冷茶称得上是副牌酒，在品味了抹茶冰激凌后，它的轻曳甘甜是恰好。

辻爷爷的抹茶，稳稳地镇坐在右侧。抹茶的价格越高，茶叶越甘甜，绿色也越鲜艳。冲泡时热水温度在80℃左右，2克抹茶用约70毫升的热水冲泡，是恰恰好。上好的抹茶，一层绵密的茶泡像卡布奇诺的奶泡，柔滑香浓，最后留在舌尖上的隐隐涩意，会触动味蕾去寻找甜味。

　　这款装在精巧茶罐中的抹茶蛋糕,下层是松软的和果子蛋糕,加一层纯白的奶油和一层滴绿的抹茶慕斯,一片小小的金箔挺拔地立在中央。记忆里浮现出京都著名的青苔寺庙苔寺,铺天盖地的那一片翠绿,未想到在茶三乐的方寸间亦可以邂逅。

雨，慢慢停了。工作人员拉下窗棂的幛子，对面宅院大门的树木愈发显得葱郁起来。铃木送我到门口，深深鞠躬行礼。望着她娇小的身影，心里想不知道哪一位男生有福气，可以娶到这么一位婉约的大和抚子呢。

日本茶茶房　茶三乐
京都市右京区嵯峨天龙寺造路町7
https://www.chasanraku.co.jp/

82岁的水彩画家 贝川伯伯

初见贝川伯伯,是2020年的春天。原本计划4月举办的个人画展,因疫情延期了,贝川伯伯稍显一瞬的沮丧,又轻轻咬紧嘴唇说,我可不愿输给疫情,我要保持健康,明年重开画展!

一个82岁的长者,有着这样的执着和坚毅,让我心生尊敬。这一篇,就来讲一讲贝川伯伯如何从一个资深银行职员成为画家的故事吧。

贝川代三,1939年出生于京都,一直在京都银行工作,1994年从银行退职,专心从事绘画。幼小的时候，他的画就常受老师表扬，进入银行后工作之余贝川伯伯会去绘画辅导班学画。周末拿起画架出外写生，是他最好的放松方式。但他从未想过要成为一个专业画家，直到一个偶然的契机，他的作品无意中获得了一个展示的机会。

京都府北部有一座小镇，名叫舞鹤，人口不足十万。贝川伯伯受命赴任，担任京都银行舞鹤办事处经理。在这座拥有古老历史的港口小镇上，贝川伯伯的绘画爱好得到了充分的发挥。明治时期修建的红砖瓦仓库，小巧别致的民宅，静静停靠在港湾的船只，还有小镇上朴素的居民，都是他画笔下的对象。画作慢慢积累多了，看到贝川作品的镇政府工作人员为他策划了一个小小的画展，地点在镇上的文化会馆，画展名为《让我喜欢舞鹤吧》。

　　这个画展,在小镇上引起了轰动。镇长议会议长、镇上的公务员们和银行职员们、老百姓们都携家带口来观看画展,看着小镇那一幅幅日常的风景被这位银行经理描绘得如此生动,人们为他的温暖画风所感动,而贝川伯伯却说最受感动的是他自己,越画越爱上了这个小镇。画展结束后,同名画册获出版,是他的第一部作品

161

集,也成为他萌生职业画家愿望的一个契机。

贝川伯伯历任了好几处银行办事处经理,银行职业生涯已无憾,未等到退休年龄,他脱下了西装,告别银行。开始更系统地学习绘画知识,背着画夹走访京都的大街小巷,用他细致的画笔记录这个城市的四季。

曾问过贝川伯伯,最常去写生的地方是哪里,最推荐的风景是哪里。伯伯笑了,拿出几幅作品来,递给我看。

京都御所,昔日皇家住地。宫门紧闭的御所,自有一份高贵气质。樱花枝叶几束,好一个浪漫的春日。

初夏时分,三十三间堂。
拥有1000座佛像的殿堂,
其间有33个间隔,故名。
一抹新绿,更添生机。

庐山寺。秋色,掩门。
京都御所东面的一座寺院,
相传紫式部在这里书写《源氏物语》。
寺内枯山水庭院,名『源氏庭』。

京都宇治市平等院的雪景。
银装素裹的国宝凤凰堂,
隐隐飘逸着仙气,
是静谧的天上人间。

163

贝川伯伯眯着眼睛说:"京都三步一庙,五步一寺,处处有景,真的画不完!有时候画着画着,我会陶醉在眼前的风景里,自己也会融进画中去。"

期待贝川伯伯的画展。

走近画家 仲衿香

第一次看到仲衿香的作品,是在河原町三条BAL商厦里的星巴克。这家星巴克是京都最有艺术感的一家咖啡馆,悬挂着80余幅年轻艺术家的作品,仲衿香的画就挂在收银台右侧的墙上,一束光从上方斜斜地照射着画作,很配浅鼠灰色的墙面。

画幅右侧略带弧形的墨绿板块,画的是星巴克的商标,左侧黄白相间板块,画的是那年夏季星巴克限期推出的一款柠檬酸奶饮料。

开始关注她的instagram,发现仲衿香是"九零后",学生时代获全国比赛大奖,获奖作品是丙烯画的商标系列,画了全家和罗森便利店的商标。评委对她的作品评价是,绘画的对象是人们熟知的商标,但作品超越了流行艺术范畴,是堂堂正正的绘画作品，而且给人一种想要拥有这幅画的欲望。

后来，我们慢慢熟悉了。

"为什么专攻丙烯画？"我问她。

她调皮地说，在迎考美院的时候，艺术补习班的老师说丙烯颜料的效果不可能超越油画颜料。年轻的她立下了愿望，如果能成为职业画家，未来专攻丙烯画，看看在自己的画笔下丙烯颜料能呈现出什么样的终极效果。

丙烯颜料干得快，作画需要一气呵成，无论多大的作品，都在一天内完成。当然，需要事先绵密的构思和准备。不在画室的时候，仲衿香拿着心爱的小相机，去街头寻找灵感。例如这幅阿迪达斯的画，是去

 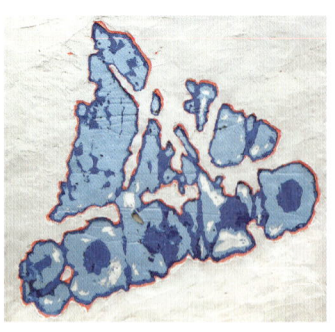

六本木的森美术馆，上台阶时候发现隔壁阿迪达斯专卖店的商标倒映在墙上，产生灵感创作的。

又如这幅麦当劳，素材来自她家附近千叶县妙典车站旁的麦当劳店。泛着绿色的砖墙上，悬挂着巨大的黄色M标志，和麦当劳的红底黄字截然不同，但人们不怀丝毫疑问地从它面前走过。每天日出日落，我们看惯了的这些风景，以为并没有任何特殊的平常风景，仔细看的时候，却有小小的不平常。而这些平常或不平常，我们认为理所当然地出现在我们眼前的事或物，或许有一天会突然从我们的视线中消失。仲衿香用她的感性和画笔，记录着这些风景。

她的作品标题，有时是单纯的时间记录，是她心里涌起创作冲动的那一瞬间。有时是谷歌地图坐标，画作截取了她在那里看到的风景。常出现在画笔下的各种商标图案，是对现代社会缩影的描绘。一个企业商标，往往经过反复探讨后才问世，设计者中不乏世界知名大家，商标诞生的时候它的完美程度已相当高。将商标作为素材,是因为年轻的她有着初生牛犊不怕虎的朝气,以商标为概念创作出来的作品,让人喜欢,想要收藏,那应该是仲衿香的才气。

2020年秋天,仲衿香的作品首次在日本SBI当代艺术拍卖会上登场。这幅边长不到20厘米的作品,预估价是50000至100000日元,最后落槌价是483000日元,以近10倍的价格售出。

SBI Art Auction,是日本有一定影响力的一家艺术品拍卖公司,尤以拍卖当代艺术作品见长。近几年日本当代艺术品市场不断扩大,时代新宠的企业家们纷纷投资当代艺术作品,吸引了一批年轻人步入藏家队伍。草间弥生、奈良美智等艺术大师的作品不断刷新高价榜单,2020年英国著名涂鸦艺术家班克斯(Banksy)的一幅作品在SBI Art Auction拍卖会上出现时,吸引了大批媒体和藏家到场。

　　翻看往日的拍卖目录，看到了村上隆设计的包，草间弥生设计的茶具和包袋，原来有一些小物件，并不是可望而不可即。去东京观摩过SBI拍卖会，一位美丽娇小的拍卖师眼观六路，耳听八方，在台上主持着拍卖。都说拍卖师是乐队指挥，她的一个小小停顿令空气瞬间凝固，一锤定音则引来现场的热烈掌声。

会场一侧是一字排开的透明电话间，那里是电话拍卖区域，不时听到工作人员用英语或中文和客户沟通着。SBI拍卖会的参加者有四成来自国外，通过电话或互联网参加竞拍。除了拍品丰富之外，合理的拍卖手续费应该也是海外买家竞相参与的理由之一。对于年轻艺术家而言，作品能参加SBI拍卖，意味着某种程度上其作品获得了艺术市场的承认。

话题回到仲衿香。画廊联系我，日前拜托她的一幅作品完成了。原画素材是女儿小时的一幅蜡笔涂鸦之作，一直放在文件夹里，会偶尔拿出来看看。谢谢艺术家用画笔将我的回忆定格，等画作到了京都，把这幅画挂在家里走廊吧，早晨起来从寝室走到客厅，每天能看到。

穿上十二单衣，我是皇后

体验十二单衣，缘起和京都闺蜜们的三言两语杂谈。

第一次穿和服是1992年，上大四的我来日本进修两周，有一个项目是去普通市民家体验生活，女主人将她的绿色和服借给我穿。懵懵懂懂的我，记忆中只有稚嫩的未脱学生气的自己，被裹在锦绣和服里的羞涩与不安。从此有点与和服保持距离，总觉得自己不适合和服木屐。

喝着红茶，不经意地和两位闺蜜说起了这段往事。小林洋子，是京都一家和服制造商的女部长，和服业界首屈一指的造型师。竹内美稀，2016年日本花艺全国冠军，土生土长的京都人，她设计的花卉作品总是令人耳目一新。

就见着小林和竹内互相望了一眼,竹内郑重地对我说,Jasmin你一定要再试一次和服,小林老师选衣,我来设计头饰,就穿十二单衣!

十二单衣是日本女性皇族的正式礼服。2019年德仁天皇即位之礼,皇后雅子身穿层层叠叠的十二单衣,缓步徐行在皇居宫殿,随从女官和皇室女性也都是一色十二单衣,尽显皇室风华。

十二单衣源自日本平安时代,由五至十六件衣服组成,按照贵族级别单衣的配色花纹均有不同。基本套装是先穿相当于内衣的长襦袢,套上长袴,外面加上八层深浅不同的丝质单衣,最后穿上华丽的小外套唐衣,腰部系上绣有仙鹤凤凰等吉祥图案的白色垂幔,如果配上正式发型大垂发,整套服饰重量最多可达20公斤。

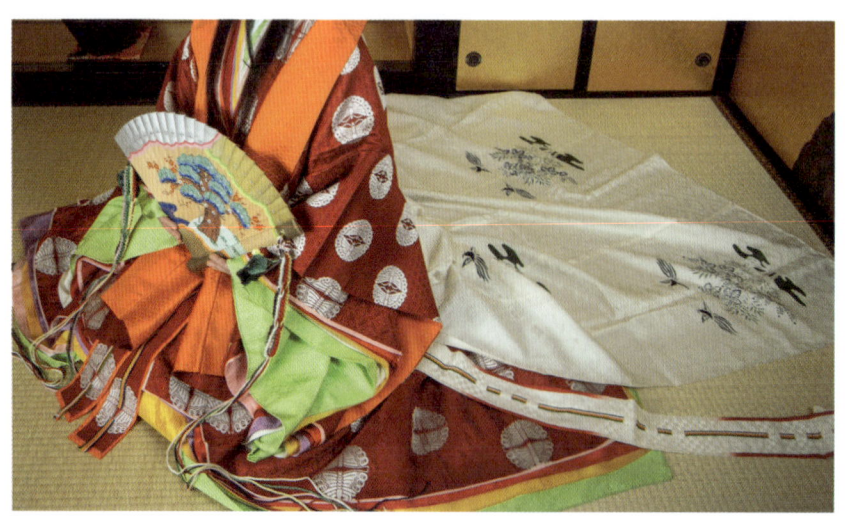

晚秋的一天,我穿上纯白的长褥袢,坐在小林公司的化妆间,对着镜子遐想1000年前的平安时代。

8～12世纪,持续了400年的平安时代未曾出现战火,和平环境带动了文化的兴盛发展,平安时代初期的日本受唐朝影响颇深,上层社会流行汉诗文。9世纪末遣唐使废止,日文平假名作为日本独自的文字问世,使用平假名的古典名作《枕草子》《源氏物语》随之诞生,逐渐形成日本的国风文化。

紫式部写的《源氏物语》中,也多次出现对十二单衣的描述。宫中喜庆之际,宫妃们花鬓盛装,在庆贺皇子诞生50天的筵席上,中宫皇后穿上层层单衣,依次为红梅、萌黄、嫩柳、朽叶之色,最后套上一件雅致的唐衣。宽大袖口间,各层单衣颜色相叠,演绎着宫廷女眷的高贵华丽。

穿十二单衣，需要不平常的技巧。穿一件单衣，对好衣襟，用一根腰带系紧。披上第二件，对好衣襟，用另一根腰带系紧后，抽去前一件单衣的腰带。如此重复，层层单衣仅靠一根腰带维系，京都会穿十二单衣的造型师也仅两三人。我保持着不动的姿势，比我矮一个头的小林在我身前身后忙碌着，额头上渗出了汗珠。

轻柔质地的和服一件件披上身，渐渐地肩上感到了重量，每穿一件我就仿佛穿越一个王朝，一路回到千年前的宫廷，穿着高高的红木屐，持着锦绣扇子。

瞬间，我是皇后。

铺开想象力，勾勒宫殿的风景。春季看樱，初夏观萤火虫，晚秋爱枫，冬季赏雪。架起小巧的木台，铺开卷纸，蘸笔写一首季节的和歌。

脱下十二单衣,换上京友禅匠人冈部修治老师的手绘振袖和服。山茶花叶子盘成的发饰来自竹内美稀的设计,腰带上插数朵百合花。

从学生时代第一次穿和服已过了28年,成为大人的我,终于有了和服的珍贵记忆。期待岁月,是美好的积累。

近江八幡

近江八幡是距离京都约50公里的一个小镇，属于滋贺县。这次去小镇的目的是，想在William Merrell Vories威廉·迈乐·沃利兹设计的老洋房里，喝下午茶。

William Merrell Vories（1880—1964），一位出生在美国，后来在日本定居的建筑家，日本名是一柳米来留。他在日本共设计了1500多个建筑作品，代表作有大阪的大丸百货心斋桥店，东京的明治学院礼拜堂，Hill Top Hotel（东京山上酒店）等。他设计建筑最多的地方是近江八幡，这个小镇是他来日本的第一站，也是他和夫人度过终身之地。

在开往近江八幡的JR（Japan Railways，日本铁路公司）火车上，回想Vories和日本的渊源。Vories在美国学习的是建筑设计，1905年作为一名英语教师赴日，在滋贺县立商业中专教英语，1908年成立工作室开始做建筑设计。他的设计风格是不求强大视觉冲击力，而更注重建筑整体的优雅内敛，简约又有温度。

他在为大同生命保险公司的社长广冈家设计住宅的时候，邂逅了社长的妹妹满喜子，两人一见钟情。满喜子出身贵族家庭，这一对跨国婚姻在当时的日本上流阶层引起了轰动，朝日新闻也做了大篇幅报道，标题是"一柳子爵家三小姐和美国设计师结婚"。1919年两人在Vories设计的明治学院教堂举办了盛大婚礼，之后在同样由Vories设计的东京麻布广冈家别墅举办了婚宴。看过晚年的Vories和满喜子夫人的照片，是充满知性、令人羡慕的一对伉俪。

　　火车抵达近江八幡站。坐上小镇巴士，沿着旖旎的水乡风光前行，前往日牟礼村。这个村庄紧邻日牟礼八幡宫，日牟礼乃舍是一栋呈现古老风格的农家町屋，出售日式和果子。对面时尚明亮的日牟礼馆出售西式糕点，后面一栋小巧别致的老洋房，是此行的目的地。

　　这栋洋房建于1937年，原来是Vories为朝日新闻社董事忠田兵藏设计的一栋住宅，延续了他一贯的风格，是一个大方而优雅的建筑空间。据说忠田的爱好是读书和摄影，当年在宅邸内为他设计了专用的书房和摄影暗房，现在馆内有4个房间作为咖啡馆的包房可以预定。一楼朝南的客厅可以看庭院，二楼的书斋会是男士向往的空间，还有一个榻榻米的和室，配着竹制沙发和红漆桌面，坐下来可看到墙面一扇小圆窗，可以想象昔日穿着典雅和服的夫人们在这里柔声细语交谈的样子。

　　一楼客厅推门进入，可见厚厚的地毯，低矮的大茶几，两张双人沙发，靠墙的壁柜里不经意地摆放着Meissen（梅森，1710年成

立的德国瓷器品牌）咖啡杯。点了甜点和卡布奇诺，将身体倚靠在沙发上，看着窗外庭院草木繁盛的样子。房间里静谧的空气环绕着自己，仿佛听得到时针的嘀嗒声。在80年前Vories留下的温馨空间，享受岁月静好。

经营咖啡馆的Club Harie是生产年轮蛋糕的著名厂家，据说当年这家主人和Vories住在同一个小区，正是在Vories的推荐和指导下，起初只做和果子的这家店开始推出年轮蛋糕，在西点行业获得成功。现在这家主人接手这栋宅邸，修缮后作为咖啡馆对外开放，让更多人接触到Vories的建筑美学。因缘和感恩，真是一根温暖的接力棒。

走出老洋房，已渐日暮。回程前想买一些当地食材，跟着地图向导在民宅间拐了几个弯，找到一家出售手作熟食的食品店。拉开

日牟礼咖啡馆
滋贺县近江八幡市宫内町日牟礼

三松食品料店
滋贺县近江八幡市永原中二

木门后,听到一句略带嘶哑的"いらっしゃい"(欢迎光临)。店中央的长桌上摆放着各种当地食材烹饪的小菜,琵琶湖的小鱼,本地特产红魔芋……一抬头,看到了店主爷爷奶奶的明亮笑容。

　　近江八幡,一个好温暖的小镇!

仙台竹泉庄

爱自己的一场旅行

　　2月是京都冬季最寒冷的日子,不由让人向往热腾腾的温泉。位于日本东北部的宫城县是著名的温泉县,面积7200平方公里,县内有745处温泉。

　　从大阪飞宫城县首府仙台市,约两个小时。在市内看了建筑家伊藤丰雄的代表作——仙台媒体中心,集图书馆和多媒体中心为一体的一个公共设施。建筑师将最好最阳光的位置留给了阅读者,面向道路的落地大玻璃窗前,设置着各色的舒适座椅,读者享受着窗外射进的温暖阳光,翻阅着心爱的书籍。看到这一幕的时候,内心有点羡慕仙台的人们。

在仙台住了两晚，一晚选择了松岛的经济型温泉酒店，另一晚选择了藏王的高级温泉竹泉庄。忙碌了一年，就当在竹泉庄给自己过一个小小的生日。一个女生去住精致的度假村，其实需要平静不弱的内心。于我而言，这次一人旅亦是一个小小的精神演练，同时也领悟了什么是真正好的服务。

在竹泉庄，服务生善解人意地和客人保持着绝妙的距离，似是若即若离，但当你有需求的时候，就有人捕捉到你的眼神，微笑着走来。让我明白，好的服务是在客人有需求的时候，迅捷地做出响应。

回到京都后我筹建了我们民宿的微信客服团队，为住客提供安心和舒服，对住客是最好的照顾。

以下是小小的个人感受。

竹林掩映，悄然矗立。喜欢这个样子，低调而不失尊严。

入住
拉开一晚公主之旅的序幕。
谦恭有礼的管家，是绅士，那么我应该是淑女，略略地，挺起胸膛。

房间的浴槽，冒着热气。
盘起长发，半身浸在木香里。
静静地，看窗外的枯枝，
勾勒出密密的线条。
枯竭，是轮回。

天色渐暮，传来琴声。
要一杯葡萄酒吧，
像在自己家里一样，
软软地倚在沙发上，倾听。

看，仙台古风的柜子。
厚重却不失灵气，
想轻轻抚摸它，
想调皮地把脸贴在木质
纹路上。

开餐第一道冷盘：方形＋弧形＋圆形。原来器皿可以这样组合。刺身八寸，领略大厨实力，佐以松岛、雪之大吟酿，清冽。真是绝配。

让人难以忘怀的一道菜。和牛入口的曼妙感觉，大地食材的敦实滋润，荡漾开来，沁入心里。

Library就着火炉夜读，翻阅着一本设计书籍。原来这幢楼的室内设计出自桥本夕纪夫之手（东京半岛酒店设计者）。心里佩服业主的眼光。

翌日，看苍穹。
凝视刚劲的生命力，
忽然觉得，人生不惧。
冬去，春会来。

竹泉庄
宫城县刈田郡藏王町远刈田温泉上原88—11
http://www.mtzaoresort.com/

伊势志摩安缦体验记

时不时地，会想要出门看一些建筑。位于伊势志摩国立公园内的Amanemu度假村，日本第二家安缦酒店，是此行的目的地。带着心爱的皮箱，出发。

从京都前往，乘坐近铁（近畿日本铁道，简称近铁）特快火车约3小时，抵达贤岛站。事先告知酒店列车班次，出了车站，安缦员工持着Amanemu的牌子，在出口等候。英俊的Tela来自土耳其，现在正在自学日语。

汽车驶入伊势志摩国立公园，在绿荫中一路向前。Amanemu的命名来自梵文，意为"和平"，nemu在日语中的意思是"欢乐"，度假村原来是一个天成的隐逸之地。

　　进入弯道，眼前豁然开朗，Amanemu度假村共有24间套房，4栋别墅，错落有致地分布在平缓的山丘上。度假村由东京安缦的设计团队Kerry Hill Architects负责打造，以现代的方式演绎了日本民居建筑，传统的低矮瓦屋面和深色的日式杉木外墙，这些也正是我想看的地方。

　　在迎宾栋享用迎宾酒之后，乘坐电瓶车前往别墅。推开黑色门扉，眼前是一个用浅色调木材打造的温馨空间，优雅而简约。浅色的木质家具，不彰显，很大气。大大的落地窗，海湾风光一览无余。

　　喜欢房间角落里不经意地摆放着的Kumiko（组子细工）艺术品。起源于日本飞鸟时代（公元6—7世纪）的Kumiko工艺，由匠人们运用巧夺天工的技艺将一块块小木片拼缀成图案，彼此之间用

凿子连接,不用一颗钉子,类似中国木工中的花格工艺。酒店的钥匙圈也是一个精致的Kumiko木牌。

黄昏渐近,推开移门,走到露台上。沏一壶茶,任一抹夕阳余晖洒在肩上。看着云彩,不时地变换着细微表情。抿一口茶,香香的。

深夜,入睡前,露台的周围一片漆黑,只有墙边的一盏灯弱弱地释放着光亮。半躺着,一边听风的声音,一边听德永英明的歌,每一个音符每一个词,是如此清晰。略带嘶哑的、充满磁性的德永英明的歌声,在风的伴奏下,听起来愈发性感。

山丘上的游泳池,亦是欣赏夕阳的好去处。不会游泳,那就拿一本书,在躺椅上发呆吧。时不时地,将视线投向远方,看天空,看云彩和眼前的水天一色。偶尔,时光就应该这样度过。

第二天,早起。放满一池温泉水,打开窗,享受私人半露天温泉。窗外,渐渐明亮起来。树木的轮廓愈来愈清晰,蓝色的海湾也出现在视野里。这些,都是我的,会有这样的错觉,真是幸福的瞬间。

晚餐。留下最深印象的是Truffle Soba(松露荞麦面)。不起眼,却很惊艳。还未动筷,已有浓厚的松露芬芳直击味蕾。荞麦的清香与松露的浓艳,是如此般配。余韵,绕梁。

晚餐后走过长廊,回房间。看廊外,有一轮明月高高挂在天空上,是一种玄静的美。也喜欢安缦的图书室,面对禅风格的日式庭院,静静地翻阅书本,墨字也分外清香。

各地的安缦酒店,都有一些深度体验当地文化的项目,Amanemu度假村也不例外。去英虞湾,体验珍珠养殖。去参观传统的海女潜水捕鱼,在当地渔民家享用海鲜烧烤。去拜谒伊势神宫,寻访神秘古老的食材。

我们选择了登山——伊势志摩国立公园最高峰朝熊山,外加山顶露天午餐。

海拔555米的朝熊山,名列日本百景之一。江户时代的日本人,将一生中去拜谒一次伊势神宫,视为平生最大的愿望。朝熊山上的金刚证寺,威风堂堂地守护着伊势神宫的鬼门。当地古老歌谣曾有唱道,"去了伊势神宫,若不登朝熊山,拜谒神宫的功德亦减半"。

从Amanemu度假村到登山口,车程约1小时。从登山口至山顶,路程约3.9公里。有整齐的山道,也有崎岖的小路。阳光透过树的缝隙射下来,路边的花草惹人怜爱,向导会时不时地停下来,宛若大哥哥般地细心教授花草的名字。偶尔山风吹来,几片树叶飞舞,掠过双脚。路边陆续看到石碑,写着二町、三町,数字越来越大。向导说,这是古时的距离标志,一町约109米,从山脚至山顶共有二十二町。

途中遇到一位老先生，穿着普通的雨靴，健步如飞。聊了几句，老先生是附近的居民，每天上下山一次，是他每日的功课。他笑着指指自己的雨靴，说这个鞋登山最好，价格昂贵的登山鞋都不如它！

快到山顶时，眼前豁然开朗。蜿蜒小道的远方，一座寺庙隐现，那就是威严的金刚证寺。舀上一勺寺庙前的水，轻冷透彻，洗去手掌的汗，好爽。

一路登山的奖赏，是Amanemu度假村精心准备的野外午餐。纯白笔挺的桌布上整齐摆放着黑色食盒，如此优雅的山顶露天午餐，是最好的奢华。

在Amanemu度假村逗留一晚，拥有许多回忆。最后是几个小小的提示。

伊势志摩Amanemu度假村位于国立公园内，周边风景以及融汇在大自然中的民宅建筑是它的亮点，建议选择气候宜人的季节去。

度假村的餐厅，早晨阳光射进来，明亮通透的感觉非常好。晚餐时分，餐厅外长廊的氛围在夜色中很精致。

如果下次还有机会去的话，想约上会开车的三五好友，载着香槟和葡萄酒，还有食材，几辆车浩浩荡荡地开进Amanemu度假村。租一晚300平方米的别墅，在厨房里谈笑着忙碌一番，让大盘小碟摆满客厅那张长桌。对着窗外无敌的夕阳，且干一杯。

馥府奈良，看暮色朝夕

奈良，距离京都火车1小时车程，一年一度正仓院举办展览的时候都会去，却未想过要在那里住一晚，直到听说奈良公园内开了一家由隈研吾设计的小型温泉度假酒店——馥府奈良。

只有30间房的小酒店，静静矗立在春日山麓，闲静绝佳。2月的一天，带着小行李和几本书，握着房间钥匙，走在馥府的回廊上，置身一晚。

关于这家酒店的建筑，隈研吾的设计主题是庭院和房屋和谐一体。站在二楼回廊上环望，墨色住宿栋的设计像时尚的四合院，一个纵长的庭院，四周环绕着客房。只有两层，屋顶上方就是湛蓝的天空和飘逸的云。

冬季的下午5点，已近黄昏。一天里的最后几束光照射进来，在客厅的正仓院琵琶图上投射出光影，墙和画瞬间有了灵气，不由地在画框前驻足、凝视。遐想当年奈良平城京歌舞升平的盛世，思绪还飞到了遥远敦煌的千年洞窟里，手持琵琶起舞的婀娜飞天。一束光的力量，想来正是设计中的设计。仿佛不经意般的一个细节，有时候却是设计师的点睛之笔。

打开香槟，倒入细长的杯子，小心翼翼地端去阳台。打开卧室门，换上木屐。庭院里的树枝有力地伸向天空，在暮色里地勾出轮廓来。这个季节的庭院，或缺一份春天的浪漫华美，但光影下的凛冽之美，确是冬季独有。

盘起发，把身子落入私汤里。提前将沐浴香袋放入汤里，这时候正好有淡雅的香味若有若无地散开来。拧开浴槽边的水龙头，可以放冷水以调节私汤的温度，很贴心。润滑的温泉水掠过肌肤，风吹起，林间枝叶摇曳起来，周边的寂静衬托出松籁嚓嚓的响声。稍稍仰起身子，有点不舍地将左手从汤里伸出来，握住浴槽边的细长玻璃杯。抿一口，再轻轻放回。

快到晚餐的时间。换上一身衣衫，前往餐厅。落座，仔细看酒单。奈良是日本清酒发祥地，有众多历史悠久的酒窖，早早就想好在馥府奈良的晚餐，要体验一次日本酒纪行。

创立于明治年间的今西清兵卫商店是日本酒老铺，其品牌"春鹿"二字取自奈良春日大社和神鹿。委托侍酒师根据菜单推荐本地清酒，想从"春鹿"开始，最后品尝一款纯米大吟酿。年轻的管家舆田笑着说，一定会是完美的选择！

心里，期待着。服务和被服务之间，有了信任和心灵相通，多会是美好的体验。

甜甜的海胆，配今西清兵卫的春鹿超辛口（清冽型）。

肥瘦适中的刺身，配1719年创业的油长酒造的露叶风80。

　　肉质纤细的奈良大和牛，配今西酒造的三诸杉大吟酿。

　　厨房和管家共奏一曲完美交响诗，厨房端出一道菜，侍酒师配一款清酒。从序曲开始，循序渐进。最后一道酒是千代酒造的篠峯，将山田锦酒米抛光至四成的纯米大吟酿。我们宛若置身歌剧院的特等席，体验了一次日本料理和清酒的盛宴。

奈良的酒窖很多都是家族经营，有几款清酒是限定款，今晚真是和奈良美酒的一期一会。欢乐的气氛，是可以感染的。看到我们快乐，管家女孩的笑靥更明亮了。

酒已过三巡。人，微醉。窗外庭院，暗灯浮动。

翌日，晨起。穿着单浴衣和棉外套，踩着木屐，穿过竹林，拾级而下。墨一色的客房，隐身在竹林里。昨晚未曾观其全貌的餐厅，原来是隐身在一个偌大的庭院里。据说这里曾是大阪银行家山口吉郎兵卫的别墅，餐厅的名字"滴翠"亦来自昔日主人的雅号。

石板路，草坪间，白色的布门帘在风中飘曳。窗棂间射过来的晨曦，让刚煮好的土锅米饭更显晶莹。在味噌酱里腌过后的烤鱼，味道棒极了。一小碗茶粥，是小惊喜。奈良茶粥将白粥与烘焙茶共煮，入口有淡淡的茶香，滋润着身体。喜欢馥府的器皿，每一个器皿都很耐看，给人启发，原来可以如此摆盘。

餐后，沿着土墙散步。心里期待着拐角处，和小鹿的偶遇。人很少，遇到一个当地的大叔，在池边和小鸟嬉戏。偶尔，有跑步者路过。同伴在前，我在后。藏青棉外套背面，印着一个典雅的馥府奈良纹案，随着同伴的脚步在我的视线里飘来飘去。春日山冬季的太阳，暖暖的。

后记

我是Jasmin，1971年2月14日，出生在中国杭州。

作为一个女人，对生年月日，会有一种想要隐藏的本能。以前我也是这样，会顾左右而言他。如今我有勇气把它写在这里，我想，是我喜欢上了现在的自己。

小时候，扎着两根辫子，带着憧憬的红领巾，去家附近的北大树巷小学念书。后来，进入学军中学。再后来，去上海念大学。

第一次到日本是1992年，是在上海外国语大学日语系念大四的时候。那一年，在华东地区日语演讲比赛，拿了第一名，奖励是日本研修旅行两周。还记得自己一个人，羞涩地去敲上海外办的门，涨红了脸说，我是上外的学生，来拿签证材料。

再到京都，是1993年。一住，就住到现在。1994年起在大阪FM Cocolo电台担任主播，也开始主持一些晚会活动。伴着琵琶乐声，日文朗诵白居易的诗。也曾在清水寺舞台主持中日邦交正常化40周年活动。

后来，开始做中日同声翻译。到日本10年以后，觉得自己对语言驾驭得比较自如了，感谢上海外国语大学老师为我打下了扎实的语言基础。人文类的会议，比较有自信。理科电工类的会议，会需要多一些时间准备。2018年吴晓波频道在东京举办中日匠人论坛，有幸担任该会议的同声翻译。希望，能把翻译官做到老。

最后，是民宿。2014年一个偶然的契机，涉足京都民宿业。没有学过设计，在专业团队的帮助下，凭着感觉和对细节的执着，修了8栋老屋。数年后再来看这些房子，仍好喜欢。我想，这是当初不妥协带来的福利。若能将喜欢的事做到底，多年后回顾起来，仍很温馨。

新冠疫情，改变了很多人的生活。在京都从事旅游业的我们，有过对未来的不安，对突然空出来的大片时间的茫然、不知所措。这些日子，我和助理Hana再次寻访了偏爱京都公众号上曾介绍过的那些地方，我更细心地用文字来写下感受，Hana举起相机拍下京都大街小巷的图片。

在走访之间，心里的那些不安呀慌张呀都烟消云散了。在没有游客的空荡荡的三年坂上，我们一起走着说着疫情结束后的未来。

这张图片是2020年夏天去然花抄院采访时，Hana帮我拍的。在老建筑的回廊里，拽起裙衫转了一个圈。朋友圈发布这张相片的时候，我加了一个小标题"未来"，意在迈向未来。或许标题有点显大，但心里有一个小小的未来，眼前会明亮许多。

京都，会一直在。我们，也会在。因为，偏爱京都。

最后，谢谢高中挚友徐宁的引荐，谢谢出版社林老师、郭编辑的耐心指点，以及为小书做了精美排版的设计团队。谢谢带走这本书的你，我们在京都等大家。

Jasmin

偏爱京都公众号　偏爱京都官网